Les Péchés du Grand Pétrole

Comment les multinationales détruisent notre planète, le climat et l'économie tout en réalisant des profits insensés et en utilisant le blanchiment écologique pour tromper la société !

Edition 3.0

GREEN MEDIA HOUSE

&

GLOBAL PEACE FRONT

Avis de non-responsabilité

1

La pollution par le pétrole

La lutte contre le changement climatique est une tâche que nous accomplissons ensemble. Dans le monde entier, les gens trouvent la force et le courage d'agir. Pourtant, un certain nombre de gros pollueurs sont laissés pour compte. Ces entreprises émettent chaque année des quantités excessives de CO_2 aux Pays-Bas. Il est grand temps que nous mettions les plus gros pollueurs et les entreprises qui perturbent le climat sous les projecteurs et que nous commencions à les tenir pour responsables des dommages qu'ils causent à notre foyer collectif.

Shell est une société pétrolière et gazière néerlandaise dont le siège est aux Pays-Bas. Sa réputation de pétrole noir est désormais connue de tous. Outre leurs émissions massives de près de 7 mégatonnes par an aux Pays-Bas, l'histoire de la société est une suite de pratiques néfastes. Ce grand pollueur est en partie responsable des tremblements de terre qui secouent Groningue depuis des années, viole les droits de l'homme au Nigeria et fait l'objet de dizaines de procès pour corruption et pollution. Shell connaît depuis près de 60 ans les effets néfastes de ses produits sur le réchauffement climatique.

BP est une compagnie pétrolière britannique qui possède une raffinerie de pétrole aux Pays-Bas. Cette raffinerie traite 400 000 barils de pétrole par jour et émet pas moins de 2,2 mégatonnes de CO_2 par an. BP est responsable de l'une des plus grandes marées noires de l'histoire : la marée noire de 2010 dans le golfe du Mexique. Cette catastrophe a fait 11 morts et a eu des conséquences terribles sur les fragiles écosystèmes marins. BP ne semble pas apprendre de ses erreurs en matière de fossiles et ce grand pollueur veut forer du pétrole près du récif amazonien vierge ET récemment découvert, ainsi que dans la mer du Nord.

Esso est une marque internationale de la société américaine Exxon Mobil Corporation. Esso possède plus de 200 stations-service aux Pays-Bas et une raffinerie à Rotterdam. Cette raffinerie émet plus de 1,5 mégatonne de CO_2 par an aux Pays-Bas. Dès 1978, Exxon Mobil connaissait le lien entre les émissions de CO_2 et le réchauffement de la planète. Dans la période qui a suivi, le grand pollueur Exxon Mobil a lancé un puissant lobby pour mettre en doute le changement climatique. Aux États-Unis, l'entreprise est connue pour être le principal bailleur de fonds des climato-sceptiques américains.

Dow Chemicals est une entreprise d'origine américaine. Elle est le plus grand producteur de matières plastiques et la deuxième entreprise chimique au monde. Ses usines chimiques de Terneuzen émettent collectivement plus de 4,1 mégatonnes de CO_2 par an. C'est à juste titre l'un des plus gros pollueurs. À l'autre bout du monde, Dow Chemicals est liée à la plus grande catastrophe industrielle jamais connue. La catastrophe toxique survenue dans la ville indienne de Bhopal en

1984 n'a jamais été nettoyée. De plus, les survivants de la catastrophe n'ont jamais reçu de compensation adéquate. Trente ans plus tard, des enfants difformes naissent encore à Bhopal à la suite de la catastrophe.

"Au niveau national et international, la conviction s'est imposée que les universités, les institutions de la connaissance et les entreprises doivent œuvrer pour une société neutre en CO2 dans un délai réaliste", telle est la description du "Symposium Van Cauteren - Dutré Arenberg" auquel ces entreprises ont été invitées le 24 novembre. Avec l'idée que ces deux entreprises soient une sorte de partie prenante égale aux côtés des citoyens, des politiciens et des universités, ArcelorMittal et ExxonMobil ont reçu une plateforme pour expliquer leurs politiques climatiques.

 Une lettre ouverte a rapidement vu le jour, avec plus de 150 signatures d'universitaires, d'étudiants et d'organisations du milieu de terrain remettant en question cette plateforme. Le problème avec le cadrage de l'événement est qu'il passe sous silence les dommages et les intentions d'ArcelorMittal et d'ExxonMobil. Tous deux portent une énorme responsabilité dans la destruction de notre climat, une responsabilité bien plus lourde que celle des gens ordinaires. De plus, ils reçoivent des millions de subsides d'argent public qui ne garantissent aucune politique climatique sociale.

Une histoire de pollution

En Belgique, 243 multinationales du secteur industriel et énergétique sont responsables de 40% des émissions de CO2. Les 5 premières de ces entreprises, parmi lesquelles ArcelorMittal et ExxonMobil(1), sont à leur tour responsables de 20% de toutes les émissions de CO2 en Belgique. ArcelorMittal est le plus gros pollueur avec 9,4 millions de tonnes de CO2 en 2019.
La même année, la compagnie pétrolière ExxonMobil a produit 2,1 millions de tonnes de CO2 par le biais de sa raffinerie Esso à Anvers.

 Ces deux entreprises ont un bilan déplorable, qui montre qu'elles font passer leurs propres intérêts financiers avant le climat, l'environnement et les personnes. En Europe, ArcelorMittal est l'une des entreprises les plus polluantes, tant en termes d'émissions de CO2 que de dommages environnementaux.

 Les émissions de CO2 ainsi que les dommages environnementaux . Les substances qu'elle envoie dans l'air contribuent à d'énormes dommages à la santé et à des frais médicaux pour des milliers de personnes. Mais l'entreprise contribue également à une grave pollution environnementale dans le monde entier en exploitant ses matières premières.

 L'histoire d'ExxonMobil est encore plus familière. Dès 1977, le géant pétrolier connaissait l'existence du changement climatique, mais il continue aujourd'hui encore à verser de l'argent à des groupes de réflexion

qui mettent en doute le problème ou le nient
carrément.

Aux États-Unis, ils sont connus comme le groupe de
pression le plus bruyant contre la politique climatique.
En outre, ils citent systématiquement des chiffres
d'émissions inférieurs à ce qu'ils polluent réellement.
Aujourd'hui, le géant pétrolier tire 253 milliards de
dollars de revenus d'opérations qui conduisent à la
destruction de notre planète.

Des millions de subventions sans garantie
Malgré cette histoire, elles seront heureuses de se
présenter au cours du symposium comme des
entreprises qui font de leur mieux pour le climat. À ce
titre, elles reçoivent les subventions nécessaires de la
part des différents gouvernements. Le problème de ces
subventions est qu'elles n'ont aucun effet sur la
réduction de leurs émissions.

 Par exemple, chaque année, elles reçoivent de l'argent
du Fonds flamand pour le climat afin de compenser les
coûts du système européen d'échange de quotas
d'émission (ETS). Dans le cadre de ce système, les
entreprises doivent acheter des droits d'émission pour
polluer. En accordant des subventions, le gouvernement
veut éviter les "fuites de carbone", c'est-à-dire le
déplacement de la production vers des régions où la
législation climatique est moins stricte. Toujours inclus
dans les subventions : des millions de quotas gratuits
pour compenser les soi-disant coûts qu'ils encourent

dans leur transition énergétique. Les gouvernements paient donc la "pénalité climatique" des entreprises, au lieu que ces multinationales utilisent elles-mêmes leurs actifs pour s'engager dans une transition verte. Toute pression financière pour effectuer la transition disparaît ainsi.

 L'année dernière, ExxonMobil a reçu plus de 3 millions d'euros de subventions pour ses "
coûts
indirects
d'émission ". Jusqu'à récemment, ExxonMobil recevait chaque année un million d'euros de trop. ArcelorMittal a reçu 13 millions d'euros de soutien, en plus de 2 millions d'euros de "soutien à la transformation stratégique" et de 4 millions de "soutien à l'écologie stratégique". Mais les subventions les plus importantes sont les quotas gratuits. Sur les 9 millions de tonnes de CO2 qu'ArcelorMittal émettra cette année, 7,5 millions de tonnes seront compensées par des droits d'émission gratuits d'une valeur de 450 millions d'euros. ExxonMobil a reçu des quotas gratuits d'une valeur de 21,6 millions de tonnes de CO2 entre 2005 et 2015. Soit plus que leurs émissions effectives, ce qui leur a valu un supplément de 4,2 millions d'euros.

 Ainsi, bien que des centaines de millions de subventions aillent à des entreprises polluantes, les émissions des secteurs qui reçoivent des aides et échangent des quotas d'émission n'ont pas diminué depuis 2011. En fait, les émissions directes d'ArcelorMittal (sans compter une centrale électrique au gaz d'Engie fonctionnant avec le gaz de l'entreprise) et les émissions d'ExxonMobil ont en fait augmenté entre 2013 et 2019. Le gouvernement organise un transfert massif de l'argent des impôts du bas vers le haut pour permettre à des entreprises comme ArcelorMittal et ExxonMobil de polluer.

Investissement de l'État, profit du privé
Cependant, ArcelorMittal a récemment annoncé un investissement à grande échelle pour réduire les émissions de sa production de 3,9 millions de tonnes de CO2 en remplaçant l'un de ses hauts fourneaux par un four électrique pouvant fonctionner d'abord au gaz naturel, puis à l'hydrogène. À long terme, cela pourrait effectivement rendre sa production climatiquement neutre, mais la question est de savoir combien ArcelorMittal paie lui-même pour cela.

Le géant de l'acier affirme qu'il ne peut le faire sans financement public. Par le biais d'une coentreprise, l'entreprise et le gouvernement flamand versent chacun 350 millions d'euros, en plus d'un prêt de 400 millions d'euros de la Banque européenne d'investissement (BEI). ArcelorMittal Belgium a toutefois versé près de 100 millions d'euros à ses actionnaires l'année dernière et 300 millions l'année précédente. En octobre de cette année, les travailleurs de l'usine ont fait un arrêt de travail parce qu'ils n'obtenaient aucune augmentation de salaire à leur place. Alors que les prix de l'acier sont montés en flèche, le groupe a déjà réalisé 4,6 milliards de dollars de bénéfices dans le monde cette année.

ExxonMobil a déjà réalisé 6,7 milliards de dollars de bénéfices dans le monde cette année. Nous subventionnons donc non seulement leur pollution, mais aussi les investissements verts qu'ils sont parfaitement capables de payer eux-mêmes. Les coûts sont pour la collectivité, mais les bénéfices vont aux actionnaires.

Un débat sur les ressources publiques Il est urgent de lancer un vaste débat public sur le rôle de ces entreprises dans le réchauffement climatique et sur la manière dont nos gouvernements leur font cadeau de millions d'euros sans aucune garantie. Le format actuel du symposium de la KU Leuven, qui donne une tribune à ArcelorMittal et ExxonMobil sans aucune réponse critique, n'est pas un bon exemple.

De l'argent qui pourrait être bien mieux investi. Car chaque centime est un choix : l'argent qui va aux multinationales rentables peut aussi être utilisé pour investir dans les transports publics, produire sa propre énergie verte, isoler des maisons ou construire des logements sociaux. "Cela signifie qu'il faut ouvrir le débat sur la manière dont les fonds publics peuvent être dépensés pour rendre notre industrie climatiquement neutre", écrit Bond Beter Leefmilieu à ce sujet. "Donnons-nous des chèques en blanc ou exigeons-nous des retours clairs de ces entreprises ?".

La faculté d'ingénierie ferait mieux de changer le

format du débat. Elle pourrait faire parler des personnes du mouvement environnemental, des scientifiques du GIEC, des syndicalistes de ces entreprises elles-mêmes. En faisant cela, elle enseigne en outre une véritable attitude scientifique et critique aux futurs ingénieurs qui valorisent la durabilité et l'esprit critique. De cette façon, nous ne laissons pas le débat aux multinationales polluantes qui sont la cause de la destruction de notre planète.

Table des matières

Tuer le rabot pour le profit ?

"La pollution de la catastrophe de BP provoque des poissons déformés dans le Golfe du Mexique"
Les crevettes sans yeux et les poissons présentant des anomalies tissulaires sont de plus en plus fréquents dans le golfe du Mexique. Les scientifiques soupçonnent que la pollution due à la catastrophe de 2010 de la plateforme de forage Deepwater Horizon de la compagnie pétrolière BP en est la cause.

"Les pêcheurs n'ont jamais rien vu de tel", a déclaré Jim Cowan, professeur au département d'océanographie et de sciences côtières de l'université d'État de Louisiane. "Depuis vingt ans que je fais des recherches sur le vivaneau rouge, j'ai vu vingt à trente mille poissons. Et moi aussi, je n'ai jamais rien vu de tel". Cowan a entendu pour la première fois des pêcheurs parler de poissons présentant des plaies et des anomalies de la peau en novembre 2010, sept mois après la catastrophe.

Tracy Kuhns et son mari Mike Roberts, pêcheurs commerciaux à Barataria, en Louisiane, affirment qu'ils capturaient des crevettes sans yeux. "Au plus fort de la saison de la crevette blanche, en septembre, un de nos amis en a attrapé 400 livres", raconte Mme Kuhns, qui montre une crevette sans yeux pour illustrer son histoire.

Kuhns affirme que pendant cette période, dans la baie de Barataria, une zone qui a beaucoup souffert de la catastrophe, au moins la moitié des crevettes pêchées n'avaient pas d'yeux. "Dans le Golfe du Mexique, en Alabama et au Mississippi, des crevettes sont également pêchées sans yeux. Nous voyons également des crabes sans yeux, des crabes à carapace molle plutôt que dure, des crabes adultes qui ne font qu'un cinquième de leur taille normale et des crabes sans pinces."

Darla Rooks, une pêcheuse de Port Sulfur, en Louisiane, dit avoir vu des crabes dont la carapace présentait des anomalies et des crabes qui "mouraient de l'intérieur". Des animaux, selon elle, sont encore vivants, "mais quand on les ouvre, ils sentent comme s'ils étaient morts depuis une semaine".

Produits chimiques

Riki Ott, toxicologue et biologiste marin, pense que les produits chimiques utilisés par BP pour décomposer le pétrole, comme les distillats de pétrole et le 2-butoxyéthanol, sont nocifs pour la vie marine. "Sans surprise, les solvants sont également très nocifs pour les humains. La communauté médicale le sait depuis longtemps".

M. Cowan pense que les hydrocarbures aromatiques polycycliques (HAP) libérés par le pétrole pourraient être à l'origine de ces anomalies. "Les poissons ont été exposés aux HAP, et j'ai trouvé des similitudes avec les poissons anormaux trouvés après la marée noire de l'Exxon Valdez en 1989. Il existe également des similitudes avec les expériences de laboratoire que nous avons réalisées", a déclaré M. Cowan.

Selon des recherches menées par l'Université de Floride du Sud, dans certains endroits, 2 à 5 % des poissons sont infectés, dans d'autres endroits de la région, ce pourcentage est de 20 % et dans certains cas, jusqu'à 50 % des poissons présentaient des anomalies.

Avant 2010, des anomalies étaient également observées chez les poissons, mais selon M. Cowan, qui s'est renseigné auprès de la National Oceanic and Atmospheric Administration (NOAA), le pourcentage était alors d'environ un dixième de un pour cent. "Nous pensons que l'exposition chronique aux HAP peut expliquer ce pourcentage élevé d'anomalies", a-t-il déclaré.

Essais en cours

Dans un communiqué, le bureau du gouverneur de la Louisiane, Bobby Jindal, a fait savoir que la Louisiane teste en permanence l'eau pour détecter la présence d'hydrocarbures et de produits chimiques et recherche également les HAP. "Les fruits de mer du Golfe sont continuellement testés et les polluants détectés restent bien en dessous de la norme fixée par la Food and Drug Administration (FDA, l'agence américaine de sécurité alimentaire, ndlr) pour la consommation humaine", peut-on lire dans le communiqué.

La FDA n'a pas voulu faire de commentaire et s'en est remise à la NOAA, qui ne veut pas parler aux médias en raison du procès en cours contre BP. La compagnie pétrolière elle-même affirme dans un communiqué que les produits de la mer du Golfe du Mexique font partie des "aliments les mieux contrôlés au monde" et que, selon la FDA et la NOAA, ils sont aussi sûrs qu'avant la marée noire.

Selon BP, les anomalies sont fréquentes chez les poissons. Avant la catastrophe de Deepwater Horizon, il existait des preuves documentées d'anomalies cutanées causées par des parasites, par exemple, affirme la société. Dans sa déclaration, BP indique qu'elle finance plusieurs études menées par des organismes indépendants sur l'impact de la marée noire sur l'environnement. Il s'agit notamment de programmes d'analyse des fruits de mer, de surveillance des stocks de poissons et d'études sur la qualité de l'eau.

Plus de subventions pour les combustibles fossiles ?

L'année dernière, les aides publiques aux combustibles fossiles ont presque doublé, selon les chiffres de l'OCDE et de l'Agence internationale de l'énergie. Les institutions qualifient ces subventions de contre-productives et soulignent leur impact sur le changement climatique.

Non seulement les pays semblent avoir du mal à supprimer leurs subventions aux combustibles fossiles comme ils l'avaient promis, mais certaines grandes économies ont en fait considérablement augmenté leur soutien au charbon, au pétrole et au gaz naturel, selon les chiffres.

En 2021, le soutien public total aux combustibles fossiles dans les 51 pays étudiés avait presque doublé, passant de 362,4 milliards de dollars en 2020 à 697,2 milliards de dollars en 2021. L'OCDE et l'Agence internationale de l'énergie (AIE) prévoient que cette tendance se poursuivra cette année, en raison de la hausse des prix des carburants et de la consommation d'énergie.

Contre-productif

Le Secrétaire général de l'OCDE, Mathias Cormann, reconnaît que la guerre menée par la Russie contre l'Ukraine a entraîné une forte hausse des prix de l'énergie et porté atteinte à la sécurité énergétique.

Mais l'augmentation des subventions aux combustibles fossiles ne fait qu'accroître le gaspillage, sans toujours atteindre les familles à faibles revenus", ajoute-t-il.

Nous devons simplement prendre des mesures qui protègent les consommateurs contre les conséquences extrêmes de l'évolution des marchés et des forces géopolitiques, tout en nous rapprochant de la neutralité carbone, de la sécurité énergétique et de l'accessibilité financière".

La hausse des subventions est une mauvaise nouvelle pour la lutte contre le changement climatique. L'augmentation des investissements dans les technologies et les infrastructures d'énergie propre est la seule solution durable à la crise énergétique mondiale actuelle et la meilleure façon de réduire l'exposition des consommateurs aux coûts élevés du carburant", a-t-il déclaré.

Nous devons prendre nos responsabilités !

La vague de chaleur massive qui a ravagé le Pakistan et l'Inde ces derniers mois montre une fois de plus à quel point la crise climatique est déjà grave. L'avenir s'annonce encore plus sombre si nous ne réduisons pas radicalement les émissions de CO2. Mais qui doit assumer la plus grande part de responsabilité, demande le spécialiste de l'environnement Aaron Van Poecke.

14 mai 2022, Jacobabad, Pakistan. Le thermomètre indique une température de 51∘C. Plus d'un milliard de personnes en Inde et au Pakistan auront alors souffert d'une vague de chaleur record depuis plus de deux mois, avec des températures pendant des semaines et parfois bien au-dessus de 40∘C. L'Inde a connu son mois de mars le plus chaud depuis le début des relevés, Delhi enregistrant son nouveau record de température à 49∘C.

Outre les dizaines, voire les centaines de morts, la récolte de blé a chuté de 10 à 35 % et une interdiction d'exportation a été imposée, l'électricité a fait défaut pendant des heures dans plusieurs régions du Pakistan et de l'Inde et les réservoirs d'eau se sont asséchés. Une vague de chaleur qui ne nous a donné qu'un aperçu de ce qui attend la région dans les prochaines décennies, déclare la climatologue Arpita Mondal, de l'Indian Institute of Technology de Mumbai.
Tout sauf rose

Une vague de chaleur de ce calibre était autrefois un événement rare. Quoi qu'il en soit, 2022 sera probablement l'une des années les plus fraîches que la région connaîtra au cours des prochaines décennies.

Selon plusieurs études, la probabilité de telles vagues de chaleur est aujourd'hui 30 à 100 fois plus élevée qu'avant la révolution industrielle. La raison en est la concentration croissante de CO_2 et d'autres gaz à effet de serre dans notre atmosphère, principalement due à la combustion de combustibles fossiles. Comme cette concentration continue d'augmenter, l'intensité et la fréquence de ces vagues de chaleur ne feront qu'augmenter.

En outre, certaines régions du sud de l'Asie sont particulièrement vulnérables en raison de leur climat humide. À partir d'une certaine combinaison de température élevée et d'humidité, le corps humain n'est plus capable de se refroidir et les conséquences peuvent être fatales en quelques heures. Des villes comme Jacobabad ont approché cette limite supérieure de très près pendant la vague de chaleur. Cependant, la voie à suivre pour éviter de tels scénarios catastrophes est connue depuis des décennies : Les émissions de CO_2 doivent être réduites de manière drastique.

Prendre ses responsabilités

La question clé reste de savoir comment emprunter ce chemin, et surtout qui ouvre la voie. En répondant à cette question, le Nord global n'est que trop heureux de pointer du doigt des régions densément peuplées comme la Chine et l'Inde, des régions qui devront sans aucun doute faire leur part. Néanmoins, le Chinois moyen émet moins de la moitié de l'Américain moyen, l'Indien moyen moins de 13 %.

En outre, Jason Hickel a calculé que le Nord global est historiquement responsable de 92 % de la crise climatique, car des pays comme l'Amérique du Nord et l'Allemagne ont, pendant des décennies, émis systématiquement beaucoup plus que ce à quoi ils avaient "droit" par habitant. L'hémisphère sud a une responsabilité historique très faible à cet égard.

"Surpopulation"
"Nous sommes tout simplement trop nombreux", en regardant surtout l'Asie du Sud et l'Afrique, est cette autre excuse commode pour ne pas avoir à prendre des mesures décisives de toute façon. Outre le fait que la croissance démographique est en baisse depuis des années et que la population mondiale se dirige vers la stagnation, cette affirmation n'est pas seulement bon marché, elle est aussi fausse.

La société 2000 watts a calculé qu'il y a 2000 watts d'énergie disponible annuellement par citoyen du monde, ce qui est suffisant pour répondre à tous les besoins sans perte de la qualité de vie actuelle (occidentale). L'évolution vers cette quantité est nécessaire pour parvenir à une société mondiale durable et équitable. À titre de comparaison, les États-Unis disposent actuellement de 12 000 watts, l'Europe occidentale de 6 000, la Chine de 1 500, l'Inde de 1 000 et l'Afrique du Sud de 500.

Les chercheurs ont ensuite calculé, pour le Jour du dépassement de la Terre, que 5,1 Terres seraient nécessaires si tout le monde vivait comme l'Américain moyen, pour un Européen de l'Ouest, cela tourne autour de 3, la Chine se situe à une moyenne de 2,4 Terres, l'Inde à 0,8 et le Pakistan à seulement 0,5.

Selon l'Institut pour la politique environnementale européenne, les 90 % les plus pauvres de la population mondiale émettent à peine plus que les 10 % les plus riches, et ce dernier groupe est capable de hisser le monde au-dessus d'un réchauffement de 1,5°C à lui seul. Et vous l'aurez deviné, ce groupe ne vit généralement pas dans les régions qui sont pointées du doigt pour leur surpopulation.

Des pays comme l'Inde et le Pakistan ne sont en aucun cas à l'origine de la crise climatique, mais ils sont dans le coin où les plus touchés (seront).

Outre le danger de mort que représentent les vagues de chaleur et le climat humide, la région est sujette aux incendies de forêt et aux inondations, entre autres, et pratiquement personne n'est assuré contre les conséquences de ces conditions météorologiques extrêmes.

Enfin, la revue scientifique The Lancet rapporte que 92 % des décès mondiaux dus à la pollution se produisent dans les pays à faible revenu.

La tête dans le sable
Le dernier rapport du Groupe d'experts intergouvernemental sur l'évolution du climat (GIEC) nous dit que chaque fois que nous ne prenons pas de mesures draconiennes, nous ratons une occasion. Il est temps de sortir la tête du sable et de réaliser le traité de non-prolifération des combustibles fossiles, proposé par plus de 2 500 scientifiques : pas d'expansion de la production de combustibles fossiles, élimination progressive de ceux qui existent et transformation équitable vers les énergies renouvelables.
Une réduction de 10 % des émissions de CO2 par an est un début ambitieux mais nécessaire. Chacun devra faire sa part, mais les chiffres ci-dessus, tant du présent que du passé, montrent clairement que l'un peut peser un peu plus que l'autre. Il est temps de regarder notre responsabilité historique droit dans les yeux et d'agir en conséquence.

Les péchés des grandes compagnies pétrolières

Rivière de la mort

Des recherches menées par l'organisation pacifiste néerlandaise PAX font état d'une catastrophe environnementale dans le nord-est de la Syrie. De grandes quantités de pétrole s'échappent des grands réservoirs de stockage de Gir Zero, contaminant gravement les terres agricoles et les réserves d'eau. Ils nous demandent de nous laver les mains et de désinfecter les maisons, mais nos rues sont plus dangereuses que le virus. Le pétrole nous rend malades".

Par une journée ensoleillée de mars, du pétrole brut a jailli dans un village du nord-est de la Syrie. Un flux d'une noirceur extrême s'est lentement infiltré sur les routes, dans les champs et même dans les maisons. Lorsque les habitants ont réalisé l'ampleur de la catastrophe, il était déjà trop tard pour intervenir. Pour de nombreux habitants, la fuite de pétrole provenant des grands réservoirs de stockage de Gir Zero, situé à proximité, est un scénario catastrophe reconnaissable.

La fuite survenue en mars était due à l'explosion d'un ancien pipeline. Les autorités locales ont envoyé de l'aide mais n'ont pas eu les ressources nécessaires pour nettoyer complètement la zone.

L'organisation néerlandaise pour la paix PAX et son partenaire local, PEL-Civil Waves, ont documenté l'impact de la marée noire. Ils ont interrogé les communautés qui dépendent des ressources en eau contaminées.

Ils ont utilisé des techniques de recherche visuelle et des images satellites, des informations de source ouverte et des entretiens avec les résidents.

Le pétrole rend les gens malades
En 2018, le pétrole a souillé les champs agricoles voisins. Les inondations ont permis à la crasse de se répandre jusqu'à un kilomètre des berges de la rivière Wadi Rumeila. Les cultures ont échoué à cause de la substance noire. Dans la ville de Tal Mashan vit Ibrahim, un enseignant de 35 ans. Il est l'un des résidents locaux que la PAX a interrogés pour le rapport. Selon Ibrahim, la pollution a toujours été un problème dans la région. Mais ces deux dernières années, la situation n'a fait que se détériorer en raison d'une mauvaise gestion. Depuis le début de la guerre civile en Syrie, le gouvernement n'est pas intervenu pour mettre fin à la pollution.

"Je voudrais fonder ma propre famille, mais je n'ai pas d'avenir dans le village, dit Ibrahim, même si j'ai ma propre maison ici. J'ai peur que mes enfants tombent malades à cause de la pollution pétrolière. Je dois chercher du travail ailleurs, car je ne peux plus compter sur le produit des récoltes. Je me sens désemparé et j'évalue mon avenir de manière sombre".

24

La femme d'Ibrahim a déjà fait plusieurs fausses couches. Le couple connaît également d'autres femmes ayant le même problème. Ils soupçonnent un lien avec la marée noire.

Les habitants appellent également la rivière Wadi Rumeila la "rivière de la mort". "Comme la plupart des villageois, je vis dans une peur constante. Si j'avais la possibilité de vivre ailleurs, je n'hésiterais pas à quitter cet endroit immédiatement", déclare Ibrahim.

L'un des habitants demande de l'aide au gouvernement, surtout compte tenu de la crise actuelle de la corona. Ils nous demandent de nous laver les mains et de désinfecter les maisons, mais nos rues sont plus dangereuses que le virus. Le pétrole nous rend malades. Nos enfants ne peuvent pas sortir et nous ne pouvons pas dormir à cause de l'odeur du pétrole brut", dit-il.

Les poules pondent des œufs noirs
En 2017, plusieurs raffineries de pétrole étaient implantées dans la région. Les habitants ont protesté contre elles et ont exigé leur fermeture. Selon eux, elles étaient dangereuses pour leur santé et l'environnement. " Il y en a encore beaucoup dans les villages voisins ", explique Ibrahim à propos de la situation actuelle.

Le ciel est couvert d'une bande noire pouvant atteindre trente kilomètres", rapporte Ibrahim. Ces panaches de fumée n'ont pas seulement un impact négatif sur la santé des gens. Le bétail souffre également de la pollution. La laine des moutons est noire et les poules pondent des œufs noirs.

Dans le rapport, PAX écrit que de nombreuses analyses de conflits et programmes de reconstruction ne donnent pas la priorité au nettoyage des régions polluées. 'Lorsque la dégradation de l'environnement n'est pas une conséquence directe du conflit, on la voit souvent.' Pourtant, en 2017, les Nations unies ont approuvé dans une résolution que les rivières et les ressources en eau ne devraient pas être polluées par des substances nocives pendant les conflits armés et/ou les actions terroristes.

La PAX et PEL-Civil Waves formulent donc dans le rapport des recommandations pour lutter contre la pollution pétrolière. Les organisations souhaitent également des mesures contre les risques sanitaires pour la population touchée.

Ils appellent la communauté internationale et les autorités autonomes du nord-est de la Syrie à soutenir les communautés locales. Ils demandent par exemple que des formations sur la pollution de l'eau et du sol soient dispensées à la population touchée. Ils appellent également à investir dans la réparation des réservoirs de pétrole afin de garantir une production sûre. Ils recommandent également une planification à long terme pour remédier à la contamination des sols et des ressources en eau.

Les compagnies pétrolières détruisent nos rivières, nos lacs, nos mers et nos océans.

Les crustacés du Golfe du Mexique grandissent avec des gouttes de pétrole dans leur corps. Les coyotes mangent des oiseaux couverts de pétrole. Et les requins suffoquent lorsque le pétrole recouvre leurs branchies. Ce ne sont là que quelques exemples de la façon dont le pétrole de la catastrophe de BP empoisonne la chaîne alimentaire dans le golfe du Mexique, selon les experts et les écologistes.

Des gouttelettes de pétrole ont été trouvées sous la carapace de très jeunes crabes bleus entrant dans les marais du fleuve Mississippi, indique Harriet Perry, directrice de laboratoire à l'université de Southern Mississippi Gulf Coast. Cela pourrait avoir des conséquences dramatiques car de nombreux poissons et oiseaux se nourrissent de ce jeune crabe.

Jonathan Henderson fait remarquer que les oiseaux tachés d'huile sont mangés par les coyotes. Ceux-ci, à leur tour, sont ensuite consommés par les alligators. Henderson travaille pour le Gulf Restoration Network, une organisation qui se consacre à la restauration des ressources naturelles de la région du Golfe.
"Savez-vous comment les pélicans meurent à cause du pétrole ?" demande Dean Wilson, directeur de Atchafalaya Basinkeeper. "Ils ouvrent leurs ailes et

pensent qu'ils vont sécher au soleil, mais en fait ils sont cuits au soleil. Des milliers d'oiseaux meurent ainsi à cause de la cupidité d'une entreprise étrangère." L'organisation de M. Wilson se consacre à la préservation des écosystèmes du bassin d'Atchafalaya, sur la côte de la Louisiane.
 Trop peu

 M. Wilson est en colère parce qu'il estime que BP en fait trop peu pour protéger les animaux. Par exemple, la société ne fait rien pour sauver les petits des oiseaux souillés par le pétrole, et ne permet pas non plus à d'autres personnes de participer aux efforts de sauvetage, dit-il. "Il faut savoir qu'il faut deux parents pour élever des jeunes dans ces régions. Si l'un des parents entre dans le pétrole, l'autre parent ne peut pas élever les jeunes tout seul, les jeunes meurent."

 Selon Wilson, au moins autant de jeunes sont morts que de pélicans ont été sauvés, et le nombre de sauvetages n'est "que la partie émergée de l'iceberg".

 Selon le gouvernement américain, jusqu'au 14 juillet, près de 3 000 oiseaux ont été retrouvés le long de la côte du Golfe, dont 1 800 morts et les autres couverts de pétrole, et plus de 500 tortues de mer et autres mammifères morts.

 M. Wilson s'inquiète également des micro-organismes qui ingèrent le pétrole, en particulier à de plus grandes profondeurs dans le Golfe, où BP a fait couler le pétrole à l'aide de produits chimiques. "De grandes populations de baleines et de requins-baleines migrent juste là où se trouve le pétrole. Nous avons déjà constaté que les requins n'évitent pas le pétrole. Nous avons déjà vu des bancs de centaines de requins-baleines migrer à travers le golfe du Mexique. Ils ouvrent la bouche pour filtrer le plancton, leurs branchies sont contaminées par le pétrole et ils suffoquent."

Problèmes d'huile à Gibraltar
Depuis des années, Gibraltar est synonyme de ravitaillement bon marché pour le transport maritime international. Alors que les navires des ports espagnols s'approvisionnent en carburant à terre, à Gibraltar, ils peuvent gagner du temps en utilisant des pompes à carburant flottantes. En agissant de la sorte, Gibraltar vise à se positionner sur le marché et prélève également des taxes moins élevées sur le carburant. En conséquence, le "Rocher" est devenu une attraction pour les pétroliers ces dernières années.

Cependant, cette méthode - le "bunkering" dans le jargon - comporte aussi des risques. Fin 2010, l'une des pompes mobiles a dérivé à cause d'une tempête. Des milliers de litres de pétrole n'ont pas pu se déverser dans la mer. Gibraltar a l'habitude de minimiser ce genre d'événements ; les petits incidents ne sont même pas signalés du tout. En juin 2010, le gouvernement régional d'Andalousie a publié un rapport montrant que Gibraltar autorise des navires qui ne répondent pas aux normes de sécurité internationales.

Les groupes environnementaux sont tout sauf satisfaits de l'état des choses. Cette zone abrite un grand nombre de dauphins, de baleines et d'oiseaux de mer", a déclaré Janet Howitt de l'Environmental Safety Group Gibraltar. Mais les enjeux économiques sont tout simplement trop importants pour mettre fin au bunkering. Juste avant la crise bancaire, Banco Santander a investi dans une installation de stockage de pétrole près d'ici, à San Roque. Certains navires ignorent également les couloirs de navigation pour gagner du temps, traversant ainsi l'habitat de nombreux animaux'.

Le gouvernement espagnol joue un double rôle dans cette histoire : d'une part, il interdit le bunkering dans les territoires espagnols ; d'autre part, il encourage l'emploi dans le secteur pétrolier. Howitt : "N'oubliez pas que dans la région au sens large, et j'y inclus le Maroc, il y a beaucoup de chômage. Les ports voisins bénéficient donc de la poursuite de ce processus", a déclaré M. Howitt.

L'avitaillement a augmenté de façon exponentielle depuis 2002. Gibraltar a ensuite acquis son indépendance financière vis-à-vis de la Grande-Bretagne et a dû trouver un moyen de financer son autonomie.

Le soutage est devenu un succès, et le gouvernement étudie maintenant la possibilité de faire de même sur le côté est de la péninsule, où il n'y a actuellement aucune activité portuaire. Au grand dam des groupes environnementaux et des résidents des deux côtés de la baie.

Fuites de pétrole au Brésil

Lors d'une audience, Chevron a admis que la fuite de pétrole au large des côtes du Brésil n'a toujours pas été colmatée.

Selon Luiz Alberto Pimenta Borges, responsable de l'environnement chez Chevron au Brésil, les fuites de pétrole dans la mer sont désormais moins importantes. Mais il a dû admettre que le puits n'a pas été bouché. Borges a fait ces déclarations lors d'une audience publique à Macae, au Brésil.

La fuite principale a été colmatée avec du ciment. Mais la société ne sait pas immédiatement comment traiter certaines des fuites plus petites. Selon Chevron, 2 400 barils de pétrole brut supplémentaires ont fui à la surface de l'océan Atlantique depuis que la fuite principale a été colmatée.

Le chef de l'agence environnementale brésilienne Ibama a révélé que Chevron pourrait se voir infliger une nouvelle amende. Le 21 novembre 2011, l'entreprise a déjà été condamnée à une amende de quelque 21 millions d'euros. Le procureur de Rio veut également que l'entreprise pale 62 millions d'euros de dommages et intérêts.

Le pétrole tue à nouveau les poissons du plus grand lac
d'Amérique du Sud

Des poissons et des crabes sont à nouveau morts en
masse dans le lac Maracaibo, le plus grand lac
d'Amérique du Sud, en raison de la pollution par les
hydrocarbures. Les pêcheurs pointent du doigt la
compagnie pétrolière d'État vénézuélienne.

Des centaines de pêcheurs vénézuéliens travaillant dans
la partie sud du lac Maracaibo n'ont pas jeté leurs filets
depuis la semaine dernière. Les poissons et les crabes y
meurent en masse, disent-ils.

Fuites dans un oléoduc
Selon le gouvernement vénézuélien, la marée noire a
été causée par une attaque de la guérilla colombienne
contre un oléoduc début mars. L'une des rivières qui se
jettent dans le lac, le Catatumbo, traverse pour moitié
le territoire colombien.

Les pêcheurs affirment que la cause de la pollution est
beaucoup moins éloignée. "Elle vient du lac lui-même,
des tuyaux de PDVSA", affirme le pêcheur Francisco
Rivero. Petróleos de Venezuela (PDVSA) est la
compagnie pétrolière d'État du Venezuela.

"Nos bateaux et nos filets sont endommagés par le
pétrole, les poissons restent à l'écart", explique le
pêcheur Jesus Hernandez. "Nous avons arrêté de
pêcher et nous aidons les gens de PDVSA à nettoyer le

pétrole. Mais nous demandons que le gouvernement reconnaisse les dégâts."

Extraction du pétrole depuis les années 1910

Le lac Maracaibo, d'une superficie de 12 800 km2, situé dans l'ouest du Venezuela, est relié à la mer des Caraïbes. Des marées noires y sont régulièrement repérées. L'année 2010 a notamment vu une augmentation significative des nappes de pétrole.

Le pétrole est extrait de manière intensive sur le lac depuis les années 1910. Selon PDVSA, le lac compte 6 000 puits actifs, produisant 700 000 barils de 159 litres par jour et reliés par 45 000 kilomètres de pipelines.

Huit barils par jour

Le ministre de l'Énergie et du Pétrole, Rafael Ramírez, a reconnu en 2010 que les fuites sont "un problème chronique", mais qu'il s'agit de "petites quantités", "pas plus de huit barils par jour".

Il n'y a pas qu'au lac Maracaibo que PDVSA a des problèmes avec ses pipelines. À l'autre bout du pays, en février, des dizaines de milliers de barils de pétrole ont fui d'un oléoduc de PDVSA pendant plusieurs jours. La rivière Guarapiche a notamment été polluée et un demi-million d'habitants de la ville de Maturín se sont retrouvés sans eau potable. PDVSA a déployé deux mille travailleurs pour nettoyer le pétrole.

Problèmes pétroliers après l'ouragan

Sur la côte sud de Cuba, des personnes nettoient le pétrole qui s'est échappé d'une raffinerie en octobre 2012 lors du passage de l'ouragan Sandy.

Le pétrole se trouve sur la côte de la baie sur laquelle se trouve la ville de Santiago de Cuba, au sud-est du pays. Le pétrole a d'abord été retiré mécaniquement. Un produit de dégradation a ensuite été appliqué.

La première phase s'est déroulée avec succès, ont indiqué les autorités. "Pendant 18 jours en mars et avril, nous avons utilisé le bioproduit Bioil-FC sur une distance de 6,5 kilomètres sur la côte dans la partie ouest de la baie. On peut déjà voir l'écosystème s'améliorer à l'œil nu", a déclaré Renato Estévez, du ministère des sciences, des technologies et de l'environnement.

Raffinerie de pétrole

La marée noire s'est produite en octobre 2012, lorsque l'ouragan Sandy est passé sur l'île. À la raffinerie de pétrole Hermanos Diaz, située juste au large de la baie, un barrage s'est rompu autour d'un bassin d'oxydation.

Le pétrole a contaminé plusieurs kilomètres de côte, notamment dans la partie ouest de la baie, plus précisément l'anse Cajuma, la plus proche de la raffinerie, l'îlot de Cayo Granma et une partie de la ville côtière de La Socapa à l'entrée de la baie.

D'ici la fin du mois, les résultats définitifs du produit de dégradation devraient être visibles, a déclaré M.

Estévez. La phase suivante concernera la partie orientale de la baie, où la pollution est moins importante.

Le Bioil-FC est un produit basé sur cinq bactéries marines qui se nourrissent de pétrole. Il a été mis au point par le Centre cubain des bioproduits marins et est utilisé depuis 1992.

Deepwater Horizon fuit à nouveau du pétrole
Une nouvelle marée noire de plusieurs kilomètres de long dans le golfe du Mexique peut être attribuée avec certitude à la catastrophe de Deepwater Horizon en 2010. Mais il n'est toujours pas clair s'il s'agit d'une nouvelle fuite.

La nappe de pétrole, qui se trouve à environ 80 kilomètres des côtes de la Louisiane, a été découverte sur des images satellites en septembre, et mesure désormais environ 5 kilomètres de long. Les garde-côtes américains ont prélevé des échantillons, qui ont été analysés en laboratoire.

Cela montre avec certitude que la nouvelle nappe de pétrole est liée à la marée noire. Le pétrole de la nappe a la même composition que celui qui a été libéré lors de la catastrophe de Deepwater Horizon il y a deux ans.

Lien peu clair
Pourtant, on ne sait pas encore exactement d'où vient le pétrole. "La source exacte du pétrole n'est pas encore

claire", a déclaré la Garde côtière américaine dans un communiqué. "Il est possible qu'il s'agisse de pétrole résiduel provenant de la plateforme engloutie ou d'une épave au fond de la mer".

BP, la compagnie pétrolière qui exploitait la plate-forme avec Transocean, soupçonne également que le pétrole provienne de l'épave, notamment de la longue tige de forage qui reliait la plate-forme au puits.

Huile fraîche
Mais tout le monde n'en est pas si sûr. Ian MacDonald, professeur d'océanographie à l'université d'État de Floride, appelle à la prudence. "On ne sait toujours pas quelle est la source du pétrole", déclare-t-il dans le journal américain The Washington Post. "Il est trop tôt pour exclure qu'il s'agisse de pétrole frais provenant du réservoir".

Les garde-côtes ne sont pas encore préoccupés par le littoral, car la probabilité que la nappe atteigne cette zone est faible. Si le pétrole provient effectivement de la ligne de forage, il pourrait représenter environ 1 800 barils, soit une fraction des 4,9 millions de barils rejetés dans l'environnement lors de la catastrophe. BP et Transocean ont jusqu'à vendredi pour présenter un plan de nettoyage.

Des scientifiques découvrent des millions de gallons de pétrole BP "disparu".

Une partie du pétrole brut "disparu" qui s'est écoulé dans le golfe du Mexique en 2010 après la catastrophe de la plateforme Deepwater Horizon a été retrouvée par des scientifiques sur le fond marin. Là, le pétrole forme une bombe à retardement.

En 2010, une explosion s'est produite sur la plateforme de la compagnie pétrolière BP, entraînant l'écoulement de 750 millions de gallons de pétrole brut dans le golfe du Mexique au cours des mois suivants. Jusqu'à récemment, on ignorait où était passé tout ce pétrole. Quelque 23 à 38 millions de gallons ont maintenant été découverts au fond de la mer.

Une équipe de scientifiques de l'université d'État de Floride a retracé le pétrole en utilisant des isotopes radioactifs. Ils ont cartographié la concentration de carbone 14. Cette substance n'étant pas présente dans le pétrole, les fonds marins contaminés par du pétrole se distinguent immédiatement. Les scientifiques ont publié leurs conclusions dans la revue Environmental Science & Technology.

À première vue, le fait que le pétrole se soit fixé au fond de l'océan, à des dizaines de kilomètres au large et sans danger immédiat pour les stocks de poissons, semble être une bonne nouvelle. Mais ce n'est pas le cas, affirme Jeff Chanton, professeur d'océanographie à l'université de Floride.

Cela pourrait causer des problèmes dans le Golfe pour les années à venir, dit-il. La pollution est transmise aux poissons par les vers qui vivent dans les sédiments et qui sont mangés par les poissons. De cette façon, la pollution se fraye un chemin à travers toute la chaîne alimentaire".

En outre, le plancher océanique est souvent plus pauvre en oxygène que l'eau de mer, de sorte que les bactéries ont moins de chances de décomposer les particules de pétrole.

Les puits de pétrole et de gaz de la mer du Nord fuient continuellement du méthane
Les fuites de méthane des puits de forage sont l'une des principales causes des émissions de ce gaz à effet de serre nocif en mer du Nord. C'est ce qu'affirment des chercheurs allemands. Tant les puits actifs que les puits de pétrole et de gaz qui ne sont plus utilisés laissent échapper en permanence de petites quantités de méthane.

 Des scientifiques du Helmholtz-Zentrum für Ozeanforschung Kiel (Geomar) et de l'université de Bâle affirment que ce problème pourrait être plus important qu'on ne le pensait. Ce type de déversement est ignoré à la fois par les compagnies pétrolières et les organismes de réglementation, contrairement aux rejets provenant de puits endommagés. Ces derniers sont en général rapidement reconnus et réparés".

Un exemple d'émissions provenant de puits endommagés est l'accident de la plateforme de forage Deepwater Horizon dans le golfe du Mexique en 2001.

Les microbes

Les chercheurs ont découvert des fuites de méthane dans des puits abandonnés lors d'expéditions en mer du Nord. Le gaz provenait de bulles de gaz situées à environ 1 000 mètres sous le fond de la mer. Lors du forage de gaz ou de pétrole à plus grande profondeur, ces bulles étaient percées. Normalement, ces bulles de gaz ne présentent pas de risque pour l'opération de forage elle-même. Mais apparemment, elles perturbent les sédiments autour du puits, permettant au gaz de s'échapper à la surface de la mer", explique Matthias Haeckel de Geomar.

Les données sismiques montrent qu'environ un tiers des puits de la mer du Nord présentent des bulles de méthane endommagées qui peuvent laisser échapper du méthane. Comme il y a plus de 11 000 puits forés en mer du Nord, cela signifie qu'une quantité importante de méthane peut s'échapper", a déclaré Lisa Vielstädte, auteur principal de l'étude.

Les chercheurs estiment que cela représente entre 3 000 et 17 000 tonnes de méthane par an. Dans l'océan, le méthane est principalement décomposé par des microbes, ce qui entraîne une acidification localisée de l'eau de mer. Dans la mer du Nord, la moitié des puits sont forés dans des endroits où l'eau est si peu

profonde que le méthane du plancher océanique peut
atteindre l'atmosphère.

**Le nettoyage du pétrole a empoisonné le Golfe 52 fois
plus**
Le produit utilisé lors de la marée noire de Deep Water
Horizon dans le Golfe du Mexique a aggravé la situation.
Selon de nouvelles recherches, les produits chimiques
qui décomposent le pétrole menacent l'écosystème.

Les 4,9 millions de barils de pétrole déversés dans le
golfe du Mexique en 2010 par la catastrophe de Deep
Water Horizon ont déclenché un désastre écologique.
Les millions de gallons d'agent utilisés pour nettoyer le
gâchis semblent avoir tout empiré.

Des recherches menées par le Georgia Institute of
Technology et l'université d'Aguascalientes, au
Mexique, ont montré que le mélange de pétrole et de
dispersant utilisé augmentait jusqu'à 52 fois la toxicité
de l'eau de mer.

Leurs conclusions sont publiées dans le prochain
numéro de la revue Environmental Pollution.

Le pétrole se disperse-t-il naturellement ?
Lors de tests de toxicité en laboratoire, le pétrole
déversé par le Deep Water Horizon a été mélangé au
Corexit, l'agent dispersant utilisé après la catastrophe
du Golfe. L'agent dissout le pétrole en plus petites
particules afin que la nature puisse le décomposer plus

rapidement.

Cependant, les tests des chercheurs ont montré que ce mélange était 52 fois plus toxique que le pétrole seul. Ils ont constaté que les cogfish, petits organismes multicellulaires souvent utilisés dans les tests pour évaluer la toxicité de l'eau de mer, sont morts en masse. Les chances que leurs œufs éclosent encore ont été réduites de moitié. Ce dernier point est particulièrement grave car les jeunes poissons-cogues sont au menu des crevettes, des crabes et des jeunes poissons au printemps.

Les chercheurs espèrent que les résultats de leur étude encourageront d'autres scientifiques à étudier l'utilisation du pétrole et des dispersants sur les chaînes alimentaires marines et à parvenir à une meilleure gestion des marées noires.

"Nous devons encore déterminer si l'avantage de décomposer le pétrole plus rapidement l'emporte sur l'augmentation de la toxicité. Peut-être devrions-nous laisser le pétrole se disperser naturellement", a déclaré le co-auteur Terry Snell. "Cela prendra plus de temps mais sera beaucoup moins toxique pour les écosystèmes marins".

Le forage pétrolier et gazier serait à l'origine de la fonte de l'Arctique

L'immense complexité du problème climatique est à

nouveau mise en évidence par une nouvelle étude.
Dans celle-ci, les chercheurs ont étudié la répartition
dans l'atmosphère des particules de suie noires qui
absorbent la chaleur. On a longtemps supposé qu'elles
provenaient des zones résidentielles. La combustion
incomplète des poêles et des cuisinières dans le nord-
ouest de l'Europe, en Asie et en Amérique du Nord était
la principale source de suie dans la région polaire.
(Chimie et physique de l'atmosphère)

 Pour la première fois, les chercheurs ont réussi à
développer un modèle capable de simuler correctement
le comportement de ces particules de suie. Pour ce
faire, ils ont combiné des données sur l'extraction du
pétrole et du gaz avec des mesures renouvelées et plus
détaillées des émissions résidentielles.

 Il a été constaté que la combustion de l'excès de gaz
libéré par les forages pétroliers est responsable
d'environ la moitié des particules de suie présentes
dans l'atmosphère. Le gaz est souvent brûlé (torchage)
car son transport est moins rentable. La combustion
incomplète de ce gaz provoque beaucoup de suie. Des
mesures intensives entre 2005 et 2011 ont permis de
réduire régulièrement le torchage. Cependant, depuis
l'émergence du fracking en Alberta, cette tendance s'
est inversée (Resilience.org 03/09 Gas Flaring, The
Burning Issue).

 La suie étant noire, elle absorbe beaucoup de chaleur
et amplifie ainsi le réchauffement de l'atmosphère.

43

L'atmosphère contient en moyenne jusqu'à 3 % de suie. Environ 40 % de ce pourcentage semble provenir du brûlage à la torche. Le
reste est produit par les transports, les incendies, les poêles et les feux de cuisson. La Russie est en tête des émissions de suie, avec une quantité jusqu'à 10 fois supérieure de ce "carbone noir".

Avec la fracturation nord-américaine et les conditions météorologiques spécifiques au nord de notre planète, la plupart de cette suie se retrouve autour du pôle Nord. La chaleur supplémentaire qu'elle y absorbe est désormais considérée comme la principale cause de la fonte de la glace arctique beaucoup plus rapide que prévu. Que cela soit considéré comme une catastrophe en Russie est une autre question (De Morgen 15/09, Russia sends warships to Arctic).

Et ce ne sont que quelques exemples, avec plus de 280 catastrophes pour les seuls pétroliers.

Le pétrole ruine les économies

Si nous voulons nous aider et aider l'Afrique, nous devons investir dans les pays pauvres qui possèdent des gisements de pétrole. Ce raisonnement est celui des États-Unis et, par extension, du G8. Cependant, un nouveau rapport montre comment les investissements dans le secteur pétrolier font augmenter la dette extérieure de ces pays.

Les pays en développement qui doublent leur production de pétrole doivent ensuite rembourser en moyenne un tiers de dette supplémentaire. Ils augmentent leur dette extérieure de 43 % en moyenne de leur produit intérieur brut. Ces chiffres figurent dans un nouveau rapport d'Oil Change International, de l'Institute for Public Policy Research et du réseau Jubilee USA.

Grâce à l'extraction du pétrole, les gouvernements des pays pauvres peuvent théoriquement augmenter leurs revenus, mais en pratique, c'est tout le contraire qui se produit. Cela est dû à une combinaison de facteurs : en prévision des recettes d'exportation, les pays exportateurs de pétrole augmentent considérablement leurs dépenses. L'augmentation des recettes pétrolières améliore la notation des pays en développement, ce qui leur permet d'emprunter de l'argent à moindre coût. Le rapport a également trouvé des preuves empiriques de l'augmentation de la dette due à des politiques budgétaires peu judicieuses et aux fluctuations des prix du marché pétrolier.

Le Venezuela, l'Indonésie, le Congo, le Mexique et l'Équateur sont cités comme exemples de pays exportateurs de pétrole dont la dette extérieure monte en flèche.

L'étude est particulièrement pertinente car les nations industrielles les plus riches envisagent d'investir massivement dans le pétrole africain à l'avenir. Les États-Unis élaborent un plan global pour devenir moins dépendants du pétrole du Moyen-Orient et des pays de l'OPEP. À cette fin, le gouvernement américain exhorte la Banque mondiale à augmenter la production de pétrole en Afrique, en Asie centrale et en Amérique latine.

Les autres pays du G8 souhaitent également stimuler les investissements dans le pétrole africain. Les ministres des finances du G8 ont appelé le 11 juin, lors des préparatifs du sommet de la semaine prochaine à Gleneagles, à supprimer tous les obstacles aux investissements en Afrique. Au moins 60 % des investissements en Afrique concernent le pétrole et les minéraux.

La stratégie énergétique du G8 est en contradiction avec l'objectif de développement de l'Afrique, conclut Steve Kretzmann d'Oil Change International, l'un des auteurs du rapport.

L'Afrique de l'Ouest, en particulier, est désormais présentée comme une zone d'investissement prioritaire par les États-Unis. Le Nigeria prévoit d'augmenter sa production de pétrole de 160 %. L'étude prévient que la dette extérieure d'Abuja pourrait augmenter de 21 milliards de dollars d'ici 2010. Actuellement, le Nigeria, premier producteur de pétrole en Afrique, a une dette de 30,5 milliards de dollars. La Banque mondiale estime que 80 % des revenus pétroliers profitent à un pour cent de la population nigériane.

Selon le rapport, si le G8 veut vraiment s'attaquer au changement climatique, à la dette et à la pauvreté, il doit se pencher sur le fil conducteur de toutes ces histoires : le pétrole.

Le pétrole et le sang au Kazakhstan

L'ouest du Kazakhstan, riche en pétrole, est déchiré entre protestations et répression. Lorsque des travailleurs en grève ont mis le feu aux bureaux d'une compagnie pétrolière et que l'arbre de Noël sur la place de la ville a également souffert, la police a ouvert le feu sur les manifestants.

Après la Chine et la Russie, le Kazakhstan est le plus grand pays d'Asie et, avec ses 16 millions d'habitants, l'un des moins peuplés du monde. Grâce à sa richesse en matières premières, le pays a pu afficher de solides chiffres de croissance depuis son indépendance il y a 20 ans. Avec la crise et la chute des prix du pétrole, cela a changé. Lorsque des protestations ont éclaté, c'était principalement en réponse à la détérioration des conditions de travail.

L'aristocratie parmi les travailleurs".
Bruno De Cordier, associé du Groupe de recherche sur les conflits de l'Université de Gand, a vécu plusieurs années au Kazakhstan et a écrit un livre sur ce pays. Parmi les travailleurs kazakhs, ceux qui travaillent dans le secteur pétrolier constituent pratiquement l'aristocratie. Le pétrole est le moteur de la réussite économique du Kazakhstan depuis les années 1990. Les travailleurs du pétrole ont bénéficié de cet essor, avec des salaires en forte hausse dans le secteur, mais lorsque la crise mondiale a frappé, ils ont également été les plus durement touchés.

Les protestations dans l'ouest du Kazakhstan ne sont pas nouvelles, bien qu'elles n'aient guère retenu l'attention des médias internationaux. En mai dernier, des grèves ont débuté dans deux villes pétrolières de l'ouest, Aqtau et Zjangi Özen".

Alors que les employés municipaux de ces villes commençaient à préparer la célébration des 20 ans d'indépendance, les protestations se sont intensifiées et plusieurs bâtiments ainsi que l'arbre de Noël municipal ont pris feu.

La police est intervenue violemment, tuant au moins 10 personnes. Selon d'autres sources, il y aurait plus de 100 victimes.

Frappes illégales
Tanja Niemeier s'est rendue au Kazakhstan cet été avec une délégation GUE/NGL du Parlement européen pour se faire une idée de la situation. À l'époque, les travailleurs protestaient contre les licenciements qui avaient eu lieu et exigeaient de meilleures conditions salariales".

Non seulement les chefs d'entreprise ont refusé de négocier, mais même au sein de l'appareil d'État, la grève a été condamnée et il n'y a eu ni rapprochement ni consultation. Par conséquent, la protestation est également devenue politique, et de nombreuses personnes s'y sont jointes. À son apogée, quelque seize mille personnes y ont participé".

Les syndicats officiels sont une relique de l'ère communiste et entretiennent des liens étroits avec les personnes au pouvoir. Ils ne soutiennent pas la protestation, et les travailleurs ne sont pas autorisés à mettre en place leur propre défense. Officiellement, les grèves sont donc illégales. L'avocat engagé par les travailleurs du pétrole a été arrêté et condamné à six ans de prison "pour avoir attisé le conflit social". L'Internet et le téléphone portable ont été coupés dans la région, la presse est aux mains de l'État et les journalistes qui en parlent sont attaqués.

49

Le scénario tunisien ?
Le Kazakhstan est dirigé par le président Nazarbayev
qui, avec l'aide de ses filles, de son gendre et de son
entourage d'oligarques et d'industriels, maintient une
mainmise sur le pays depuis 20 ans.

Il n'est pas question d'une manifestation générale, les
manifestants se trouvent à pas moins de trois mille
kilomètres de la capitale Astana et du centre
économique Almaty. Pourtant, il ne faut pas en sous-
estimer l'importance, estime Bruno De Cordier.

Géographiquement, les frappes sont isolées, elles ont
lieu dans une zone éloignée. Mais leur effet
psychologique ne doit pas être sous-estimé.

De tels troubles n'ont pas été observés depuis la fin de
l'Union soviétique et constituent un camouflet pour
l'histoire du Kazakhstan en tant que réussite
économique. Ils montrent que derrière les taux de
croissance élevés se cache un autre Kazakhstan".

**L'industrie pétrolière vénézuélienne est dans une
spirale mortelle".**
La corruption dans l'industrie pétrolière d'État
vénézuélienne, qui a conduit d'anciens ministres et
cadres supérieurs derrière les barreaux, est la dernière
preuve en date de l'effondrement du secteur. C'est une
mauvaise nouvelle pour l'économie vénézuélienne, qui
dépend fortement du secteur pétrolier.

Selon l'économiste Luis Oliveros, la production de pétrole brut a chuté de plusieurs millions de barils par jour. En décembre, la production était de 2 894 000 barils par jour, contre 1 837 000 en novembre 2017. Il s'est basé sur les chiffres de l'Organisation des pays exportateurs de pétrole (OPEP).

En 2018, la production pourrait encore baisser de 250 000 barils par jour si la tendance actuelle se poursuit. Le Venezuela, cofondateur de l'OPEP en 1960 et premier exportateur mondial de pétrole brut à l'époque, sera alors devenu presque insignifiant en tant qu'acteur sur le marché pétrolier, selon M. Oliveros.

Purge
Le Venezuela possède le plus grand réservoir de pétrole connu, la ceinture de l'Orénoque, avec une superficie de 55 000 kilomètres carrés et une quantité de pétrole brut estimée à 1 400 milliards de barils.

Le pétrole est pratiquement le seul produit d'exportation du pays, représentant 95 % de ses recettes en devises. Au milieu de cette décennie, le pétrole représentait plus de 20 % du produit intérieur brut (PIB). La majeure partie du pétrole appartient à la compagnie pétrolière d'État Petroleos de Venezuela (PDVSA), qui a conclu quelques partenariats avec des sociétés transnationales.

Le président Nicolás Maduro a entamé fin novembre
une purge au sein de PDVSA, qui avait été accusée de
corruption. La nouvelle direction, dirigée par un général
novice dans le secteur, devrait permettre d'augmenter
la production d'un million de barils par jour.

L'objectif immédiat est de respecter le quota de l'OPEP
pour 2017-2017, fixé à 1 970 000 barils par jour, a
déclaré le conseiller présidentiel Alí Rodríguez.

Une inflation galopante
Pour maintenir la production quotidienne actuelle -
sans parler de l'augmenter - il faut injecter entre 4 et 5
milliards de dollars dans l'Industrie", a déclaré Alberto
Cisneros, PDG de Global Business Consultants. La
preuve est faite que cet argent n'est pas là".

Avec une économie qui ne fonctionne pas bien, une
inflation galopante, différents systèmes de taux de
change pour une monnaie qui se déprécie
quotidiennement, des pénuries de nourriture et de
médicaments et une dette extérieure de plus de 100
milliards de dollars, le Venezuela ne dispose pas de
l'argent dont l'industrie a besoin, dit-il.

En outre, le secteur pétrolier souffre de problèmes de
gestion. PDVSA a licencié environ 18 000 travailleurs en
2003 à la suite d'une grève antigouvernementale. Cela
représentait environ la moitié des effectifs de
l'entreprise, selon l'ancien vice-ministre de l'énergie
Víctor Poleo (1999-2002).

La corruption au sein de PDVSA a pris un visage dramatique ce mois-ci lorsque 67 directeurs et gestionnaires de la société ont été envoyés en prison pour des délits allant de la falsification des chiffres de production au détournement de fonds et à l'atteinte à la souveraineté du pays.

Parmi ces 67 personnes figurent deux anciens ministres du pétrole du président Nicolás Maduro, au pouvoir depuis 2013. Il s'agit d'Eulogio del Pino et de Nelson Martínez. Tous deux ont également été présidents de PDVSA et de sa filiale américaine Citgo. Ils auraient porté préjudice à l'entreprise en renégociant des dettes.

Les procureurs enquêtent également sur Rafael Ramírez, ancien ministre du pétrole et président de PDVSA entre 2002 et 2014. Jusqu'en novembre, il était l'ambassadeur du Venezuela auprès des Nations unies. Ramírez est accusé de blanchiment d'argent par le biais de la Banca Privada d'Andorra.

Nationalisation
Selon le journal espagnol El País, qui dit être en possession de rapports sur lesquels travaille le juge andorran Canòlic Mingorance, des proches de Ramírez affirment qu'il a reçu au moins 2 milliards d'euros de commissions illégales entre 1999 et 2013.

PDVSA, une entreprise issue de la nationalisation du secteur en 1975 et qui a prétendu pendant des années figurer parmi les cinq premières compagnies pétrolières du monde, se cache actuellement sous un nuage noir d'allégations de corruption, d'incompétence et de gestion frauduleuse.

La production est en baisse en raison du manque d'investissements et de maintenance, à commencer par les installations vieillissantes du lac Maracaibo, qui ne produisent pas plus de 450 000 barils de pétrole par jour", a déclaré M. Cisneros. Plus de 13 000 puits de pétrole ont été forés ici depuis 1914 et, jusqu'au XXIe siècle, la production du bassin dépassait un million de barils par jour.

Les champs pétrolifères relativement récents à l'est représentent le reste de la production, mais le chiffre de 1,3 million de barils par jour prétendument extraits de la ceinture de l'Orénoque, selon M. del Pino, est soumis à un examen judiciaire.

États-Unis et Chine
L'expert vénézuélien Francisco Monaldi, affilié à l'université Rice au Texas (États-Unis), affirme que les exportations sont déjà tombées à moins de 1,4 million de barils par jour. En novembre, moins de 500 000 barils par jour ont été exportés vers les États-Unis.

Pendant près d'un siècle, les États-Unis ont été le principal importateur de pétrole vénézuélien, avec 1,5 million de barils par jour. Ces exportations constituent toujours la principale source de revenus du Venezuela, avec les exportations vers la Chine, qui dépassent 600 000 barils par comte.

Les raffineries vénézuéliennes ne font pas beaucoup mieux, selon M. Cisneros. Elles ont une capacité de 1,3 million de barils par jour. Pendant quelques années, elles ont fonctionné à 90 ou 95 % de leur capacité, mais aujourd'hui, elles n'en représentent plus qu'un tiers, 30 à 35 %. C'est même insuffisant pour répondre à nos besoins en carburant", dit-il. Le carburant est en partie importé.

Il y a également des problèmes de distribution dans les 1 650 stations-service de ce pays de 31 millions d'habitants et de 4 millions de véhicules.

Faible prix du carburant

L'un des problèmes est le prix absurdement bas du carburant, le plus bas du monde. Un litre d'essence coûte 1 bolívar, ce qui correspond à 10 US cents selon le taux de change officiel. Sur le marché noir, cependant, 1 dollar peut acheter 100 000 litres. PDVSA perd de 12 à 15 milliards de dollars par an en vendant un demi-million de barils de carburant par jour à ce bas prix.

Il y a également un problème de contrebande vers la Colombie, le Brésil et les Caraïbes. Le Venezuela tente d'endiguer ce phénomène par des contrôles et un rationnement, ce qui provoque des pénuries et de longues files d'attente dans les stations-service de la région frontalière.

PDVSA a payé les intérêts échus sur les obligations cette année. Toutefois, la filiale américaine de la société chinoise Sinopec - un partenaire qui a prêté plus de 50 milliards de dollars à Caracas - a intenté une action en justice contre la compagnie pétrolière vénézuélienne pour 21,5 millions de dollars de factures impayées.

Sanctions américaines

Les sanctions américaines contre le Venezuela rendent difficile la renégociation des dettes du pays et de PDVSA. Les sanctions et les dettes non résolues rendent difficile pour les partenaires d'investir dans des coentreprises. L'Industrie pétrolière vénézuélienne est dans une spirale mortelle", déclare Monaldi.

M. Cisneros pense que la reprise du secteur est possible, avec un modèle d'organisation totalement différent, comme en Argentine. Ce pays possède une société de façade, Enarsa, et une société exécutive, YPF, qui appartient à 51 % à l'État et dont 49 % des actions sont en circulation sur le marché boursier.

Pour y parvenir, dit-il, il y a deux possibilités. L'une est que le régime actuel réagisse de manière appropriée à l'économie et au secteur pétrolier, l'autre est qu'il y ait un changement politique au pouvoir afin que le pays puisse à nouveau bénéficier de son capital humain, économique et pétrolier", dit-il.

Le pétrole menace de déstabiliser davantage le Congo

Le pétrole rend pauvre. De nouvelles réserves de pétrole pourraient libérer le Congo de sa position de pays en développement, mais d'un autre côté, elles pourraient attiser encore plus les troubles internes et les conflits frontaliers existants. Un cadeau empoisonné, surtout dans les provinces orientales les plus pauvres, où les tensions se sont ravivées depuis le début de l'année. Sans un État fort et une aide internationale, le Congo est un oiseau pour le chat".

Le pétrole est apparu sur le radar congolais depuis les années 1960. Depuis 2000, l'intérêt international pour le pétrole congolais a pris de l'ampleur. Bien que la production soit encore loin derrière les pays africains de l'OPEP, les exportations de pétrole ont catapulté le Congo en tête des États subsahariens à la croissance la plus rapide. Les nouvelles découvertes de pétrole sont une bonne chose pour l'économie du Congo, mais la recherche ouvre la boîte de Pandore dans une région qui, historiquement, semble avoir un brevet sur les conflits liés aux ressources.

La plus grande menace pour les forêts congolaises n'est pas le charbon de bois, mais le pétrole.
Un rapport des Nations unies à paraître affirme que la production locale de charbon de bois a un impact beaucoup plus faible sur la déforestation dans le bassin du Congo qu'on ne le pensait auparavant. Les projets pétroliers constituent une menace bien plus importante, selon l'auteur, Aurélie Shapiro. Elle parle d'une "bombe à carbone géante".

Les petits agriculteurs et les producteurs de charbon de bois, en particulier, sont tenus responsables de la déforestation en cours dans le bassin du Congo. Mais les projets de forage pétrolier et gazier dans cette région constituent une menace bien plus grande pour le climat, selon Aurélie Shapiro, auteur principal d'un rapport de l'Organisation des Nations unies pour l'alimentation et l'agriculture (FAO), qui doit être publié d'ici la fin de l'année.

Le mois dernier, la République démocratique du Congo a lancé une vente aux enchères pour 27 concessions pétrolières et trois concessions gazières. Plusieurs de ces concessions chevauchent un complexe de tourbe tropicale, l'un des plus grands réservoirs de CO2 au monde. Shapiro parle d'une "bombe à carbone géante".

Les compagnies pétrolières telles que Total, Eni, Exxon Mobil, BP, Equinor et Shell ont déjà officiellement renoncé à soumissionner. Mais les groupes de défense de l'environnement craignent que des entreprises plus petites, avec moins de contrôle et des règles plus laxistes, ne fassent qu'augmenter le risque.

Un demi-milliard pour la protection de l'environnement

Selon M. Shapiro, ces plans soulèvent également des questions sur le financement du climat dans la région. L'Initiative pour la forêt d'Afrique centrale (Cafi) donne à six pays du bassin du Congo de l'argent pour protéger la forêt, atteindre les objectifs de développement des Nations unies et réduire la pauvreté.

Sur son site web, Cafi affirme que "la perte de forêts est due à la pauvreté, à un besoin local de produits agricoles et forestiers (petite agriculture sur brûlis et charbon de bois), exacerbé par une forte croissance démographique.

L'accord entre Cafi et la RDC - d'une valeur d'un demi-milliard de dollars - n'interdit le forage pétrolier que s'il est "incompatible avec les objectifs de conservation dans les zones protégées". Il n'identifie pas la valeur en carbone des tourbières comme un motif pour empêcher le développement.

Hypothèses

Le charbon de bois domine traditionnellement l'histoire de la déforestation en RDC car son utilisation est omniprésente dans le pays. À peine 17 % des Congolais ont accès à l'électricité, selon la Banque mondiale - et seulement 9 %, selon le gouvernement. Les villes à croissance rapide comme Kinshasa font exploser la demande de charbon de bois.

Pourtant, il est peu probable que le charbon de bois soit la principale cause de la disparition des forêts, selon Shapiro. La nouvelle étude de la FAO commandée par Cafi examine en détail les causes de la déforestation et de la dégradation des forêts dans le bassin du Congo entre 2016 et 2020.

Conflit frontalier

Dans son dernier rapport sur l'Afrique, le groupe de réflexion indépendant International Crisis Group met en garde contre une déstabilisation accrue de la région, le plus grand danger d'une extraction pétrolière non réglementée étant la dégradation de l'environnement. Selon l'expert de l'Afrique Kris Berwouts, ancien directeur du Réseau européen pour l'Afrique centrale (EurAc), les ressources congolaises ont longtemps revêtu une importance stratégique. Il y a d'abord eu les minéraux, puis la forêt et bientôt l'eau. Avec le pétrole et le gaz, le pays se replace sur la carte. Les États-Unis considèrent à nouveau le Congo comme une priorité".

La plupart des nouveaux réservoirs de pétrole, répartis entre les provinces du Bas-Congo et du Congo oriental, se trouvent le long de frontières contestées avec les pays voisins, l'Ouganda et l'Angola. Des frontières qui sont à l'origine de tensions dans la région depuis plus de cent ans. Berwouts : "La bataille pour le pétrole va loin. Lors des élections congolaises de 2011, il était tout à fait clair que l'Angola voulait provoquer un changement de régime à Kinshasa. Cela ne s'est pas produit. Mais alors que le Congo a temporairement mis en veilleuse ses revendications sur les territoires offshore, l'Angola continue de soutenir le régime.

La récente flambée du zèle pétrolier congolais pourrait changer la donne. Selon le Crisis Group, le Congo doit établir des arrangements frontaliers clairs avant d'exploiter de nouvelles ressources pétrolières. Sans arrangements précis, le pétrole sera toujours un facteur de déstabilisation", a affirmé Berwouts.

Les chercheurs ont analysé les images satellites de plus de 12 000 parcelles de la région. Les résultats seront publiés à l'automne, mais doivent d'abord être soumis à un examen par les pairs.

L'étude montre notamment que la déforestation au cours de cette période a été beaucoup plus importante qu'avant 2015, mais n'a pas augmenté chaque année. "Tout le monde dit que la déforestation explose, mais nous ne voyons pas cela", a déclaré Shapiro.

L'étude affirme que l'agriculture à petite échelle reste la principale cause de déforestation dans la région. Elle identifie cependant une dégradation significative des forêts, dont une grande partie est probablement due à la production de charbon de bois.

Mais les données sont inégales. Si l'imagerie satellitaire permet de mieux identifier les petites clairières, elle ne permet pas de déterminer pourquoi les arbres sont abattus.

Une étude publiée en 2018 dans Science Advances estime que la production de charbon de bois n'entraîne pas plus de 10 % de la perte de forêts en RDC.

Grignoter sur le bord

61

Selon Shapiro, les communautés pauvres ne disposent pas de tronçonneuses ou de machines lourdes, mais "les gens grignotent à la lisière de la forêt. Les plus grands arbres, qui stockent le plus de CO2, sont laissés sur pied.

En outre, cet impact sur la forêt est beaucoup plus court que celui des activités industrielles telles que l'exploitation minière et l'agriculture à grande échelle, dit-elle. Le forage pétrolier, qui n'a pas encore commencé dans la région, n'a pas été examiné dans l'étude de la FAO.

Les communautés locales utilisent des techniques dites de brûlis pour couper les arbres près des villages. Les cultures sont pratiquées pendant trois à cinq ans, après quoi la terre est laissée en jachère et la végétation sauvage peut revenir. À leur tour, les jeunes arbres peuvent être coupés pour produire du charbon de bois.

"Le fait est que nous devons cesser de blâmer les personnes qui n'ont pas d'autre choix", dit Shapiro.

Croissance économique
Le gouvernement congolais fait valoir que le pays a besoin de l'exploitation du pétrole et du gaz pour stimuler la croissance économique et sortir la population de la pauvreté.

Les organisations de la société civile se félicitent de la reprise du débat sur la déforestation dans la région. Les

communautés rurales sont une cible facile à blâmer",
déclare Alphonse Valivambene, responsable d'une OSC
dans l'est de la RDC. Il appelle à une approche plus
globale de la politique qui tienne compte de la pauvreté
dans laquelle vivent les gens.

L'ONG Rainforest Foundation prévient depuis
longtemps que les modèles de financement et de
protection des forêts dans le Bassin du Congo sont
basés sur des "hypothèses simplistes".
L'importance disproportionnée accordée à l'agriculture
à petite échelle, pratiquée principalement en rotation
autour des villages, fait que les menaces industrielles
passent inaperçues", a déclaré Joe Eisen, directeur
exécutif de la Rainforest Foundation UK.

Pour sa part, M. Cafi ne souhaite pas faire de
commentaires avant la publication officielle de l'étude
de la FAO.

Une bombe à retardement
La recherche de pétrole alimente également les
troubles internes, en particulier dans l'est du pays où un
conflit profondément enraciné entre les groupes
ethniques s'est intensifié depuis le début de l'année. Les
affrontements entre les rebelles armés, les milices
rwandaises et l'armée congolaise pour des ressources
illégales sont également monnaie courante.

Depuis le week-end dernier, les rebelles du Nord-Kivu ont envahi trois villages à la frontière avec l'Ouganda, la situation est d'autant plus critique.

Les nouveaux puits de pétrole pourraient stimuler les sentiments séparatistes des provinces à l'égard du gouvernement central", avertit le Crisis Group. Une industrie pétrolière en plein essor dans l'Est pourrait remettre en question le rôle politiquement dominant de la riche province minière du Katanga.

La décentralisation ne décolle pas au Congo. Dans le débat sur la solidarité et l'équilibre des pouvoirs entre les provinces pauvres et les provinces riches, la répartition des revenus pétroliers jouera un rôle crucial", affirme Berwouts.

Malédiction ou bénédiction ?
Pour transformer la malédiction pétrolière en bénédiction, Kinshasa, avec l'aide de l'Union africaine et de la Banque mondiale, doit régler ses différends frontaliers, réglementer le secteur pétrolier et interdire temporairement l'exploration dans les zones à haut risque. Si elle ne le fait pas, la bataille pour le pétrole perturbera toute la région et le Congo sera un oiseau pour le chat", affirme le Crisis Group.

Berwouts ne voit pas d'issue sans aide extérieure. Au niveau régional, la Conférence internationale sur la région des Grands Lacs (CIRGL), plus que l'Union africaine, peut jouer un rôle important. La CIRGL est une collaboration entre 11 membres : Angola, Burundi, République centrafricaine, Kenya, République démocratique du Congo, République du Congo, Ouganda, Rwanda, Tanzanie, Zambie et Soudan. Avec le temps, cela pourrait devenir un bon outil pour les 11 afin de résoudre leurs problèmes transfrontaliers par la consultation plutôt que par la violence. Toutefois, la communauté internationale doit contribuer à accroître la visibilité de cette organisation et aider à la reconstruction de l'État congolais.

Berwouts : "Le Congo est soumis à une forte pression. Surtout avec le tourbillon du week-end dernier à l'est, il est impensable que le Congo survive à son problème pétrolier sans aide. Le problème du pétrole, comme toutes les autres formes d'exploitation des ressources, est le symptôme d'un appareil d'État pourri. Ce n'est pas pour rien que le mot "kleptocratie" a été inventé pour ce pays. Si l'eau devient bientôt le bien le plus précieux dans une région qui souffre de sécheresse chronique, il n'en sera pas autrement. Tant qu'il n'y aura pas d'État congolais responsable, les Congolais ne profiteront jamais de leurs ressources.

Les Indiens d'Amazonie péruvienne en ont assez du pétrole

Les Indiens de la forêt amazonienne du Pérou envisagent de poursuivre l'État péruvien et les compagnies pétrolières étrangères. Ils réclament la fin d'années de pollution dans les zones où ils vivent. Une action en justice serait une première pour le Pérou.

Arankartuktaram ! (respecte-nous), est la devise des Indiens Achuar. Ce peuple indien vit au cœur des forêts tropicales péruviennes et équatoriennes. Les Achuars du bassin de la rivière Corrientes, un affluent de l'Amazone, souffrent depuis 30 ans de la pollution causée par l'extraction pétrolière dans leur région. L'entreprise américaine Occidental Petroleum Corporation (Oxy) a commencé à forer pour trouver du pétrole dans la région dans les années 1970. Plus tard, la société péruvienne Petroperu a également commencé à y extraire du pétrole, et en 1996, Pluspetrol Norte, la filiale péruvienne de la société pétrolière argentine Pluspetrol, les a rejoints.

"Nos droits sont systématiquement violés", se plaint Robert Guimaraes, vice-président de l'Aidesep, une organisation faîtière des Indiens d'Amazonie péruvienne. "Le gouvernement ne parvient pas à punir les entreprises qui polluent nos rivières et nos terres. Nous voulons prendre des mesures contre cela". L'organisation annoncera bientôt les actions en justice qu'elle entreprend. En attendant, elle a également fait inscrire la question à l'ordre du jour du parlement péruvien.

Sur les 8 000 Indiens Achuar vivant au Pérou, 3 000 à 4 000 souffrent directement de l'extraction pétrolière, affirme Racimos de Ungurahui, une organisation non gouvernementale qui défend les Achuars. Les problèmes sont revenus sur le tapis la semaine dernière lors d'une réunion de dirigeants indiens au Pérou.

Le matériel incriminé ne manque pas, juge l'Aidesep. En mai, le ministère péruvien de la Santé a publié un rapport montrant que la grande majorité des Achuars interrogés ont des niveaux dangereusement élevés de cadmium dans le sang. Les enfants ont également trop de plomb dans leur organisme. Ces deux métaux lourds, présents dans les eaux usées rejetées par les compagnies pétrolières, peuvent entraîner de graves problèmes de santé. L'étude sur les Achuars a été réalisée à la demande de la Feconaco, une fédération de peuples indiens du bassin du fleuve Corrientes.

Pluspetrol Norte, le plus grand producteur de pétrole du Pérou, nie toute responsabilité. La pollution au plomb dans le Corrientes et ses affluents reste inférieure au maximum légal, et il n'existe pas de chiffres fiables sur la pollution au cadmium dans les rivières, affirme-t-elle. Il n'a donc pas été prouvé que les activités de la compagnie pétrolière sont à l'origine des taux élevés dans le sang des personnes vivant le long du fleuve.

Mais selon l'ONG Racimos de Ungurahui, le gouvernement devrait examiner non seulement l'eau des rivières mais aussi les sédiments au fond des cours d'eau. Comme le niveau des rivières monte et descend constamment, une grande partie des métaux lourds contenus dans l'eau des rivières ne tarde pas à précipiter.

Les activistes affirment que les lagunes et les lacs de la région sont également pollués. C'est de cette eau que les Achuars tirent leur poisson. Et la faune, autre source importante de nourriture pour les Achuars, quitterait la région à cause de la pollution.

Les Indiens du district de Loreto ont demandé en juillet qu'un "état d'urgence écologique" soit déclaré dans le bassin de Corrientes et que le gouvernement prenne les mesures nécessaires pour surveiller en permanence l'état de l'environnement dans cette région. Ils souhaitaient également que l'État péruvien et Pluspetrol Norte s'emploient à nettoyer les zones où vivent les Achuars et que les compagnies pétrolières soient tenues d'adopter les technologies les plus récentes pour réduire la pollution environnementale.

Le ministre péruvien de l'énergie et des mines, Juan Valdivia Romero, déclare que son personnel négocie avec Pluspetrol Norte pour accélérer la mise en œuvre d'une technique dans laquelle les eaux usées sont injectées sous terre. Cette technique aurait peu d'impact sur l'environnement. Pluspetrol dit avoir déjà perdu 210 000 barils d'eaux usées de cette manière. Mais Racimos de Ungurahui affirme que tout cela est beaucoup trop lent et que la compagnie ne prévoit de traiter que 15 % de ses eaux usées totales de cette manière.

Roberto Ramallo, directeur général de Pluspetrol Norte, affirme que l'entreprise ne veut pas se soustraire à sa responsabilité pour la pollution passée. Il a ajouté que l'entreprise fournit déjà des soins de santé gratuits à 18 000 personnes vivant à proximité des installations pétrolières et construit ou améliore des écoles pour 4 000 jeunes autochtones de la région.

Le pétrole alimente les conflits

Le conflit pétrolier et gazier en Méditerranée menace de s'intensifier

Pour exploiter les différents gisements de gaz et de pétrole situés dans la zone économique exclusive (ZEE) autour de Chypre, plusieurs exercices ont eu lieu l'année dernière avec les pays concernés : la Grèce, Israël et l'Égypte. Ceux-ci ont toujours été éclipsés par la puissance militaire de la Turquie. Pour 2018, il est à craindre que la Turquie agisse de manière plus agressive et provoque une escalade du conflit.

L'île de Chypre, qui est divisée en une partie sud grecque et une partie nord turque, a des projets de réunification depuis 2015. La situation semblait pleine d'espoir, puisque les présidents des deux parties du pays soutiennent désormais l'idée. Et l'extraction de pétrole et de gaz avait été reportée à juillet 2017 en attendant une nouvelle tentative de réunification de l'île. "Pendant ce temps, aucun des deux présidents n'a donné de nouveaux signes de rapprochement", a déclaré au journal Steven Van Hecke, maître de conférences en politique comparative et européenne à la KU Leuven.

Au départ, l'extraction du gaz naturel semblait donner un élan supplémentaire à l'unification, mais elle semble maintenant creuser un fossé entre Chypre grecque et Chypre turque. Comme le projet d'unification n'a pas été lancé avant les extractions, cette décision unilatérale de Chypre grecque a naturellement suscité des soupçons supplémentaires", explique M. Van Hecke. D'un autre côté, la décision est logique du côté des Chypriotes grecs. Ils ne peuvent pas rester patients éternellement et la situation ne doit pas devenir un chantage. De plus, le trésor public chypriote peut utiliser l'argent supplémentaire".

Forage pétrolier et gazier
Entre mars et décembre 2017, le navire de forage Saipem 12000 a mené trois explorations pour le compte des sociétés Total et Eni dans la zone économique exclusive de Chypre.

Il s'agissait d'une décision conjointe de l'Égypte, de Chypre et de la Grèce. La Turquie a réagi de manière agressive à cette décision, en envoyant une frégate pour "surveiller" le navire de forage.

Erdogan ne veut pas perdre son emprise sur Chypre. Il refuse de renvoyer chez eux les 30 000 soldats turcs qui se trouvent dans le nord de l'île, et il ne peut pas non plus laisser passer les tentatives de forage sans menaces", a déclaré M. Van Hecke. Pourtant, il est faible face à la Chypre grecque qui se sent renforcée par ses alliés, la Grèce et, par extension, l'Union européenne.

Depuis 2004, Chypre divisée est membre de l'UE et Chypre grecque est reconnue comme la représentante de toute l'île.

En outre, un gazoduc est également en préparation depuis un certain temps. Il partira d'Israël et traversera Chypre et la Grèce pour rejoindre l'Italie et exploiter le gisement de gaz d'Aphrodite dans le bloc 12 de la ZEE. Le 5 décembre, les ministres grec, chypriote grec et israélien de l'énergie et le délégué italien ont signé un accord pour confirmer les négociations.

Que nous réserve 2018 ?

La Turquie a commandé son propre navire de forage, le Deapsea Metro II, qui accostera dans le port turc en 2018. Si le Deepsea Metro II pénètre effectivement dans la ZEE chypriote avec des navires militaires dans son sillage, la situation pourrait rapidement s'envenimer. À court terme, je crains que la situation ne s'améliore pas", soupire M. Van Hecke, "mais la Turquie est faible parmi les pays voisins qui soutiennent tous la cause chypriote grecque. Je pense donc que la Turquie s'en tiendra à de simples menaces".

Le pétrole bon marché se fait sentir de Téhéran à Caracas

La forte baisse des prix du pétrole depuis mi-2014 a eu des conséquences considérables sur l'économie mondiale, l'environnement et la politique internationale. Les effets les plus profonds se produisent sans aucun doute dans un certain nombre de pays exportateurs de pétrole, comme le Venezuela, le Nigeria et l'Iran. Les problèmes budgétaires auxquels ces pays sont actuellement confrontés pourraient dégénérer en troubles sociaux et politiques. Dans le même temps, le pétrole bon marché offre également des opportunités pour rendre les économies nationales moins dépendantes de la volatilité des prix du pétrole.

Malgré une légère reprise depuis fin janvier, les prix internationaux du pétrole se situent à des niveaux historiquement bas. Aujourd'hui, un baril de pétrole brut de la mer du Nord, la référence pour l'essentiel du commerce international du pétrole, coûte environ 55 dollars. En juin de l'année dernière, il coûtait plus de 110 dollars. En six mois, le prix du pétrole a donc été divisé par deux.

Cette baisse de prix a été une surprise pour la plupart des gens. Ces dernières années,
nous nous sommes habitués à des prix du pétrole non seulement très élevés, mais aussi étonnamment stables. Entre 2011 et mi-2014, les prix du pétrole ont constamment oscillé autour de 110 dollars le baril. Cette stabilité contrastait fortement avec les montagnes russes de l'année 2008, au cours de laquelle les prix du pétrole ont d'abord grimpé à un niveau record de 140 dollars le baril pour ensuite plonger à 30 dollars à une vitesse stupéfiante en quelques mois seulement.

Il est également étrange que les prix du pétrole aient chuté à un moment où les principaux producteurs de pétrole étaient ravagés par des conflits internes - Libye, Soudan, Irak, Nigeria et Syrie - et des sanctions - Iran et Russie.

 La production pétrolière libyenne, irakienne et nigériane a bien résisté au milieu de la tourmente, mais plus de trois millions de barils de pétrole ont été adventicement retirés du marché en 2013. Généralement, de tels conflits politiques effraient les négociants en
pétrole et nous voyons les prix du pétrole augmenter plutôt que de baisser.

 Par conséquent, toutes sortes de théories du complot circulent sur les causes de l'effondrement des prix du pétrole. Par exemple, il y aurait un accord secret entre les États-Unis et l'Arabie saoudite pour cibler leurs ennemis jurés, la Russie et l'Iran, avec lesquels ils mènent déjà une guerre par procuration en Syrie. Et puis, une autre théorie, plus populaire, parle d'une guerre des prix entre les cheiks saoudiens du pétrole et les entreprises américaines de fracturation.

 Cependant, l'explication la plus évidente de la chute du prix du pétrole est la loi de l'offre et de la demande. Le ralentissement de la
croissance dans la zone euro et en Chine a fait que la demande de pétrole a été plus faible que prévu, tandis qu'en arrière-plan, les producteurs de schiste en Amérique du Nord ont augmenté leur production année après année.

À la fin de 2014, la production pétrolière américaine était supérieure de 80 % à celle de 2008. Ainsi, un volume supplémentaire de 4,1 millions de barils de pétrole est entré sur le marché, soit plus que ce que produisent tous les membres de l'OPEP, à l'exception de l'Arabie saoudite. Cette injection supplémentaire correspondait à peu près aux pertes de production enregistrées ailleurs.

La stabilité des prix du pétrole de 2011 à mi-2014 était donc purement fortuite, masquant en fait des changements tectoniques du côté de la production. Rétrospectivement, cette période n'a été que le calme avant la tempête.

L'OPEP entre le marteau et l'enclume
Lorsque les 12 membres du cartel de l'OPEP se sont réunis fin novembre, ils ont été confrontés à un douloureux dilemme. Soit ils abaissaient leur plafond de production, mais alors ils subventionneraient effectivement les producteurs de schiste américains. Soit ils ne font rien, mais les budgets de certains membres du cartel seraient alors poussés (encore plus) dans le rouge. Sous la pression de l'Arabie saoudite, le leader informel de l'OPEP, la deuxième option a été choisie.

La décision (ou plutôt l'absence de décision) de l'OPEP a fait chuter encore plus les prix du pétrole et a révélé un vieux schisme au sein du club pétrolier : l'opposition entre les "colombes" et les "faucons".

Les colombes ont des réserves de pétrole plus importantes et moins chères, des populations moins nombreuses et des réserves financières plus importantes que les faucons. L'Arabie saoudite et les États du Golfe en sont les principaux représentants. Ils pensent plus souvent à leur part de marché à long terme et sont bien plus à même de surmonter une période de prix bas.

 C'est un luxe que les faucons, y compris l'Iran et le Venezuela, n'ont pas. Ils veulent le prix du pétrole le plus élevé possible pour maximiser leurs revenus. Même si les faucons sont numériquement majoritaires, les colombes disposent des plus grandes réserves et ont le plus d'influence sur les décisions.

 D'ailleurs, pour ceux qui ont consciemment vécu les années 1980, la situation actuelle sur les marchés pétroliers a un air de déjà vu.

C'est également à ce moment-là que les prix du pétrole se sont effondrés en raison de l'offre excédentaire sur les marchés pétroliers. L'OPEP a tenté d'inverser la tendance en imposant des quotas de production, mais dans la pratique, seuls les Saoudiens les ont respectés.

Après cinq années consécutives de diminution des parts de marché, la patience de l'Arabie saoudite a atteint ses limites en 1986. Riyad a alors décidé d'ouvrir complètement le robinet du pétrole, avec des conséquences dramatiques. Ce n'est qu'en 2005 que le prix réel du pétrole (corrigé de l'inflation) a retrouvé les niveaux d'avant le crash de 1986.

Les pays arabes, des gagnants stratégiques
L'expérience des années 1980 a sans doute joué dans le compte de l'Arabie saoudite lors de la dernière réunion de l'OPEP en novembre. Le nouveau roi saoudien Salman a déjà signalé qu'il maintiendrait cette ligne, même si la politique de défense des parts de marché est controversée dans le pays. L'Arabie saoudite a beau avoir des coûts de production plus bas et un tampon sûr de plus de 700 milliards de pétrodollars, elle souffrira elle aussi de la chute du prix du pétrole. Le royaume a besoin d'un prix du pétrole de 104 dollars le baril pour équilibrer son budget. Un certain nombre de petits États du Golfe s'en sortent mieux à cet égard, notamment les Émirats arabes unis (77,30 dollars), le Qatar (60 dollars) et le Koweït (54 dollars).

Si l'Arabie saoudite a besoin d'un prix du pétrole aussi élevé, c'est parce que, depuis le printemps arabe, elle a augmenté toutes sortes de dépenses : dépenses sociales, dépenses militaires (en 2013, l'Arabie saoudite a bondi à la quatrième place mondiale après les États-Unis, la Chine et la Russie), et aide étrangère dans la région - notamment à l'Égypte sous Al-Sisi, à la Jordanie, au Bahreïn, au Yémen et aux groupes d'opposition syriens.

Quelques heures seulement après que les généraux égyptiens ont organisé un coup d'État au Caire contre les Frères musulmans en 2013, par exemple, l'Arabie saoudite et les Émirats arabes unis étaient prêts avec un programme d'aide de 12 milliards de dollars - environ 10 fois plus que le soutien américain à l'armée égyptienne.

À long terme, l'Arabie saoudite et les États du Golfe devraient sortir gagnants de la période de bas prix du pétrole. Grâce à leurs faibles coûts de production, ils gagneront des parts de marché. Les régimes amis de l'Égypte, du Maroc, de la Tunisie et de la Jordanie obtiendront une facture moins élevée pour le pétrole qu'ils importent, tandis que le rival iranien prendra des coups. Enfin, le groupe terroriste État islamique, qui tire une grande partie de ses revenus de la contrebande illégale de pétrole, verra ses revenus diminuer.

Les perdants : Le Venezuela, l'Iran et le Nigeria
Le Venezuela - le pays qui, selon BP, possède les plus grandes réserves de pétrole du monde - est considéré comme le plus vulnérable de tous les pays exportateurs de pétrole. Même avant la récente chute des prix du pétrole, on parlait d'une faillite imminente, comme celle qu'a connue récemment l'Argentine.

Le pays étant tributaire du pétrole pour pas moins de 96 % de ses recettes d'exportation, les rumeurs concernant le mot "d" (défaut de paiement) n'ont fait que s'intensifier au cours des dernières semaines et des derniers mois.

L'économie s'est contractée de quelque 3 % en 2014, l'inflation officielle a grimpé à plus de 63 % et il y a une pénurie de produits de base comme le lait et le papier toilette. Le gouvernement a fait appel à l'armée pour maintenir l'ordre. L'année dernière déjà, 43 personnes ont été tuées lors de manifestations contre le président Maduro, qui a recommencé à frapper à la porte de la Chine pour obtenir des prêts début janvier. Depuis 2007, la Chine a prêté plus de 45 milliards de dollars à Caracas, en partie en échange de pétrole.

Les coupes nécessaires au Venezuela pourraient affecter non seulement ses propres citoyens mais aussi de nombreux pays des Caraïbes, qui peuvent actuellement acheter du pétrole vénézuélien grâce à des crédits favorables dans le cadre du programme dit PetroCaribe. Pour des pays comme la Guyane, Haïti, la Jamaïque et le Nicaragua, cette aide représente 4 % du PIB. Mais elle coûte au gouvernement de Caracas quelque 2,3 milliards de dollars par an.

L'Iran était déjà aux prises avec les effets des sanctions économiques avant que le prix du pétrole ne commence à chuter. Les exportations de pétrole sont passées de 2,5 millions de barils par jour en 2011 à 1,1 million de barils à la fin de 2013. Le pays a besoin d'un prix du pétrole de 130 dollars pour payer les dépenses publiques prévues. Près d'un quart de ces dépenses, soit quelque peu 84 milliards de dollars, a été absorbé par les subventions énergétiques nationales en 2013.

Aucun autre pays au monde ne consacre autant d'argent à des subventions énergétiques inutiles et polluantes. En raison des sanctions, Téhéran n'a pas accès aux quelque 100 milliards de dollars d'avoirs gelés sur des comptes bancaires étrangers et ne peut pas non plus se rendre à l'étranger pour emprunter.

Le président Rouhani tente bien quelques réformes. L'année dernière, il a augmenté le prix de l'essence de 75 % et du fioul domestique de 25 %. Mais pour le président, il reste crucial que le niveau de vie s'améliore, une de ses promesses électorales, et qu'ainsi l'économie recommence à croître.

Si les prix du pétrole ne remontent pas rapidement, la pression pour trouver une solution diplomatique lors du troisième cycle de négociations nucléaires, qui se termine en juin 2015, augmente. Il est intéressant de noter que Rouhani a clairement indiqué début janvier qu'il souhaitait faire usage d'un certain article constitutionnel pour décider des "questions importantes" (lire : le programme nucléaire) par référendum, en dehors du parlement (conservateur). Cela pourrait indiquer qu'il souhaite contourner les partisans de la ligne dure et conclure un accord avec l'Occident.

Le Nigeria, où les élections présidentielles prévues pour la Saint-Valentin ont récemment été reportées, est également dans l'œil du cyclone. Le pays dépend à près de 70 % des revenus pétroliers, et le pétrole représente pas moins de 90 % de ses recettes d'exportation.

Le groupe terroriste Boko Haram fait des ravages dans le nord-est du pays, où il contrôle désormais une zone de la taille de la Belgique. Le Nigeria est également confronté à une corruption et à un vol de pétrole généralisés. Selon un rapport du groupe de réflexion britannique Chatham House, jusqu'à 100 000 barils de pétrole disparaissent chaque jour, pour une valeur de plusieurs milliards de dollars par an. Il est clair que, quel que soit le président, le risque d'une instabilité persistante est élevé.

Maux de tête au Kremlin
De tous les pays non-OPEP, la Russie a probablement les pires papiers. La combinaison des sanctions et du pétrole bon marché pousse le pays à la récession.

Le rouble a chuté de 40 % par rapport au dollar en 2014 et la fuite des capitaux a été généralisée.

La dépréciation de la monnaie a également rendu les importations plus coûteuses, ce qui est particulièrement pénible pour une économie qui dépend des pays étrangers pour presque tout sauf les matières premières.

En conséquence, l'inflation a atteint 15 % en janvier. Il semble que la Russie entre dans une période de stagflation : un cocktail dangereux de déclin économique et de hausse des prix.

La Russie vit à 50% des revenus du pétrole. On estime qu'il lui faut un prix du pétrole autour de 100 dollars pour atteindre l'équilibre budgétaire. L'économie russe devrait se contracter de plusieurs pour cent en 2015.

En revanche, lors des années de crise économique de 2008 et 2009, le pays a connu un déclin économique de 8 à 10 %. Ainsi, la tendance générale au Kremlin est que cette crise va probablement se résorber. Les Russes sont habitués à des difficultés.

La grande question est de savoir si la récession économique entraînera un relâchement ou un durcissement de la politique intérieure et étrangère de la Russie.

Il est intéressant de noter que le président Vladimir Poutine a récemment laissé entendre que l'Ukraine devait rester une entité politique et qu'elle devait être autorisée à choisir ses propres partenaires.

Mais c'était avant le massacre de la ville de Marioupol, dans l'est de l'Ukraine, à la fin du mois de janvier, et il y a souvent un écart considérable entre les paroles et les actes de Poutine.

Malgré les avertissements du ministre russe des finances selon lesquels les dépenses militaires deviennent insoutenables et doivent être réduites, M. Poutine semble déterminé à augmenter le budget de la défense dans les années à venir.

Diversification

Les effets étendus de la chute des prix du pétrole sur tant de pays et de secteurs de l'économie mondiale montrent à quel point le pétrole est encore important dans le monde d'aujourd'hui. Mais les exportations de pétrole sont plus concentrées au niveau mondial que les importations.

En d'autres termes, les pays exportateurs de pétrole sont beaucoup plus dépendants du pétrole que les pays importateurs. Par conséquent, les prix erratiques du pétrole de ces dernières années ont souvent un effet yo-yo sur la stabilité économique et politique intérieure de ces pétro-États.

Outre les fluctuations de prix, une autre menace à long terme pèse sur ces pays : l'érosion de la demande mondiale de pétrole. La consommation de pétrole en Occident a déjà atteint un pic en 2005 et diminue depuis lors en raison d'une efficacité accrue et du passage à d'autres sources d'énergie. Cette évolution va de pair avec le fait que quelque 35 % de l'ensemble des réserves pétrolières doivent rester sous terre pour maintenir le changement climatique en deçà de la limite critique des 2°C.

83

Le bon sens veut donc que les exportateurs de pétrole
cherchent à diversifier leurs économies le plus
rapidement possible. Ainsi, non seulement ils
deviendront moins dépendants des aléas des marchés
pétroliers internationaux, mais ils contribueront
également à la lutte contre le changement climatique.

Le pétrole au Sahara occidental est source de tensions
Les activistes remettent en question les projets d'une
compagnie énergétique américaine de forer pour
trouver du pétrole dans la région contestée du Sahara
Occidental. Cette région fait partie du Maroc, mais les
populations indigènes demandent l'indépendance.

Des représentants d'entreprises américaines et
marocaines se réunissent cette semaine à Rabat pour
renforcer les liens commerciaux entre les deux pays. Le
gouvernement marocain espère ainsi tirer parti d'un
accord de libre-échange signé avec les Américains en
2006. Il veut encourager les investissements américains
au Maroc, en se présentant comme une passerelle vers
les marchés européens et africains et le Moyen-Orient.

Le Maroc veut investir massivement dans l'exploration
pétrolière et gazière. Les investisseurs internationaux se
concentrent depuis longtemps sur l'énergie solaire et
les parcs éoliens au Maroc, mais les entreprises
européennes et américaines convoitent également des
concessions pour une éventuelle extraction pétrolière.
Certaines réserves de pétrole se trouveraient au Sahara

occidental, où le Maroc est considéré par beaucoup comme une puissance occupante.

Illégal

Kosmos Energy du Texas est une société qui recherche déjà du gaz en mer dans trois champs du bassin d'Agadir. Plus controversé est le projet de Kosmos de rechercher du pétrole sur terre, près de Cap Boujdour au Sahara occidental, à partir d'octobre.

Des groupes d'intérêt comme Western Sahara Resource Watch (WSRW), contestent la légalité d'une présence étrangère comme celle de Kosmos. "Les Sahraouis, les habitants autochtones du Sahara occidental, sont en marge de ce projet", a déclaré Erik Hagen, président de WSRW. "Ils veulent que les compagnies partent. Elles travaillent avec le gouvernement, une force d'occupation."

Après l'indépendance du Sahara occidental vis-à-vis de l'Espagne en 1976, le Maroc s'est emparé de la région. Des années de conflit armé ont suivi entre le Maroc et le Front Polisario, soutenu par l'Algérie. L'annexion du Sahara occidental n'est pas reconnue internationalement mais est soutenue par certains pays.

Droit international

En 2002, le Maroc a autorisé la société américaine Kerr McGee et la société française Total S.A. à explorer le pétrole au Sahara Occidental. Les Nations Unies ont répondu en reconnaissant effectivement la gouvernance marocaine au Sahara Occidental. Les contrats spécifiques ne sont pas en eux-mêmes illégaux, a déclaré l'ONU. C'est seulement lorsque la poursuite de l'exploration et de l'extraction implique les intérêts du peuple du Sahara Occidental qu'ils violent les principes du droit international.

Depuis lors, tant les compagnies pétrolières multinationales que les groupes de défense du Sahara Occidental ont interprété cet avis de l'ONU, également connu sous le nom d'avis Corell, à leur avantage.

Abi Nader, du Centre marocain-américain pour le commerce et l'investissement, affirme que l'extraction des minéraux apporte des avantages économiques aux populations locales. Par exemple, de nouveaux emplois sont créés.

Kosmos Energy se réfère également à l'avis Corell. La compagnie soutient que le Maroc veut partager équitablement le produit de l'extraction des ressources au Sahara Occidental avec la population indigène. Cependant, Hagen de WSRW met en doute ces intentions du gouvernement marocain. Il affirme que les Sahraouis ne veulent pas que le gouvernement marocain et les multinationales extraient du pétrole et du gaz dans leur région. Cela rendrait les activités de Kosmos illégales, selon l'avis de Corell.

WSRW ne demande pas seulement à Kosmos de quitter le Sahara Occidental, il demande également à la

compagnie de forage américaine Atwood Oceanics de
ne pas livrer l'équipement que Kosmos veut pour Cap
Boujdour. Aucune des deux compagnies n'a répondu à
une demande de commentaire.

Les grands groupes pétroliers sabotent notre avenir
La paralysie du sommet de Doha sur le climat est le
résultat du lobbying réussi de l'industrie pétrolière,
selon les militants.

Les pays en développement sont en colère contre les
États-Unis et l'Union européenne, qui refusent de
réduire radicalement leurs émissions de gaz à effet de
serre ou d'accepter un financement supplémentaire. Ce
refus est alimenté en partie par les intérêts de
l'industrie des combustibles fossiles, notamment ceux
des milliardaires les plus riches du monde, les frères
Charles et David Koch, affirment les militants.

La fortune combinée des frères Koch est estimée à 80
milliards de dollars. Ils ont dépensé plus que toutes les
compagnies pétrolières - y compris Exxon - pour mener
des campagnes contre la législation environnementale,
financer des recherches scientifiques en leur faveur et
bloquer les subventions aux énergies propres, indique le
Forum international sur la mondialisation (IFG) dans
une analyse.

"La raison pour laquelle les États-Unis ne font pas plus
est que les frères Koch et d'autres parties prenantes

tentent de saper toute politique climatique", a déclaré
Victor Menotti, directeur de l'IFG.

Le rapport de l'IFG, intitulé "Faces Behind a Global
Crisis", traite notamment des tentatives des frères Koch
d'accélérer la construction d'un oléoduc pour le pétrole
issu des sables bitumineux canadiens. Il montre
également comment l'agence environnementale
américaine EPA est attaquée pour ses tentatives de
réguler les émissions de CO2 et d'imposer des
réglementations plus strictes à l'industrie. "Les Koch se
sont enrichis en polluant notre planète. Et maintenant,
ils utilisent leur richesse pour truquer les règles à leur
avantage", peut-on lire dans le rapport.

Frustrant
Le rapport intervient après qu'une étude de 2011 a
identifié 50 des personnes les plus riches du monde qui
ont une influence énorme sur la crise climatique
actuelle. "Trop de pouvoir est concentré dans un petit
groupe de personnes. L'argent doit sortir de la
politique", a déclaré Mme Menotti.

Le président américain Barack Obama doit s'éloigner de
la politique d'il y a quelques années et réaliser qu'il
existe un puissant mouvement de jeunes qui veulent
des actions sur le climat, déclare une délégation de
jeunes américains participant au sommet sur le climat à
Doha. "J'ai passé six mois à aider à la campagne
électorale d'Obama. Il sait que les jeunes veulent des

actions sur le climat, mais nous n'avons encore rien vu",
a déclaré Hannah Bristol, de Washinton D.C..

"Nous voulons que les États-Unis aillent au-delà du
charbon, du pétrole et du gaz. Toutes sortes de choses
sont faites dans les universités et ailleurs pour y
parvenir, mais nous ne pouvons pas y arriver seuls",
déclare Ian Karra, d'Athènes, en Géorgie.

Bristol se dit déçue que, surtout après tous les dégâts
causés par l'ouragan Sandy fin octobre, les États-Unis ne
prennent pas l'initiative à Doha. "C'est incroyablement
frustrant de voir le peu de choses qui se passent ici à
Doha", dit-elle.

Augmentation de la température
"La caravane de Doha est perdue dans une tempête de
sable", déclare Ronny Jumeau, ambassadeur des
Seychelles pour le changement climatique et
représentant de l'Alliance des petits États insulaires
(AOSIS). "Il y a trop peu d'ambition ici".

Par ambition, il entend la réduction des émissions de
gaz à effet de serre libérées par la combustion de
combustibles fossiles. Même si les pays atteignent leurs
objectifs actuels, les températures mondiales devraient
augmenter de 4 à 10 degrés, selon les dernières
données scientifiques.

Selon M. Jumeau, les pays insulaires et les pays les
moins avancés veulent non seulement que les pays

riches promettent de réduire davantage leurs émissions, mais aussi que ces promesses soient juridiquement contraignantes. "Sinon, certains pays diront dans quelques années que la situation économique les obligera à rompre les promesses", dit-il.

Si les pays n'ont pas pris de nouveaux engagements en matière d'émissions, l'Allemagne et la Grande-Bretagne ont pris un engagement financier en faveur des pays en développement. Ces derniers recevront une partie de l'argent promis pour les deux prochaines années afin d'atténuer l'impact du changement climatique.

Les pays industriels ont promis de verser 100 milliards de dollars par an dans un fonds appelé "Fonds vert pour le climat" à cette fin d'ici 2020. Pour combler l'écart d'ici là, les pays en développement ont demandé 60 milliards de dollars d'ici 2015. En début de semaine, aucune somme n'était disponible pour la période 2013-2015. "Heureusement, cela a maintenant changé", déclare M. Jumeau.

"Les États-Unis ne sont pas obligés de fournir des fonds supplémentaires", a déclaré Jonathan Pershing, chef de la délégation américaine. Mais son pays a l'intention d'apporter son aide, fait-il valoir. Trois États américains endommagés par l'ouragan Sandy demandent 83 milliards de dollars au gouvernement fédéral pour réparer les dégâts. Le typhon Bopha, qui a balayé les Philippines en début de semaine, est déjà la 16e catastrophe météorologique à frapper les

Philippines cette année. "Dans un contexte mondial, est-ce que 100 milliards représentent autant d'argent maintenant ?" a déclaré M. Pershing.

L'industrie pétrolière connaît le changement climatique depuis un demi-siècle
Dans les années 1960, l'industrie pétrolière a appris que les émissions de CO2 provenant des combustibles fossiles entraîneraient des "problèmes environnementaux mondiaux", notamment la fonte des calottes glaciaires et des perturbations climatiques. C'est ce qui ressort d'un rapport scientifique de l'époque, qui vient d'être révélé.

 L'année dernière, d'autres documents avaient déjà révélé que les grandes compagnies pétrolières américaines et européennes étaient au courant du problème climatique depuis au moins 1981, mais qu'elles avaient tout fait au cours des décennies suivantes pour étouffer ces connaissances et même les contredire publiquement.

 De nouveaux documents montrent maintenant que l'industrie était au courant du problème bien plus tôt encore. Dès 1968, des scientifiques de l'Institut de recherche de Stanford ont lancé un avertissement sans équivoque sur les risques climatiques des émissions de CO2 à long terme.

La fonte des glaces
Dans un rapport adressé à l'American Petroleum

Institute (API), qui chapeaute l'industrie pétrolière américaine, les scientifiques prévoyaient que la concentration de CO2 dans l'atmosphère pourrait atteindre 400 ppm d'ici l'an 2000 - un seuil qui a déjà été dépassé - et qu'une telle augmentation pourrait avoir toute une série d'effets néfastes sur la planète.

 Le rapport, rédigé il y a près d'un demi-siècle, affirme que "l'homme est désormais engagé dans une vaste expérience géophysique avec son environnement, la Terre". Il poursuit en prédisant les conséquences du changement climatique actuel. 'D'ici l'an 2000, il y aura presque certainement des changements significatifs de température (...) Si les températures continuent à augmenter de manière significative, on peut s'attendre à un certain nombre d'événements, notamment la fonte des calottes glaciaires, l'augmentation du niveau des mers, le réchauffement de l'eau de mer et l'augmentation de la photosynthèse.'

 "Nous ne pouvons pas prédire avec certitude ce que la pollution à long terme fera à notre environnement, mais il ne fait aucun doute que les dommages potentiels à notre environnement pourraient être graves", concluent les scientifiques.

La charge de la preuve
Le rapport de Stanford fait partie des centaines de documents publiés par le Center for International Environmental Law (CIEL), un cabinet d'avocats spécialisé.

Nous avons commencé nos recherches par trois questions simples : Que savaient-ils ? Quand l'ont-ils su ? Et qu'ont-ils fait à ce sujet ?", a déclaré Carroll Muffett, président du CIEL. Ce que nous avons découvert, c'est qu'ils en savaient déjà beaucoup, et qu'ils le savaient bien plus tôt et avec plus de certitude que nous ne le pensions ou qu'ils ne l'admettaient eux-mêmes".

Alors que l'inquiétude du public concernant la pollution de l'air commençait à croître, l'industrie a planifié une campagne de recherche complète et bien coordonnée sur l'impact de la pollution de l'air, conclut le CIEL. Au plus tard au
milieu des années 1950, le changement climatique est devenu l'un des principaux domaines de recherche. Par l'intermédiaire du comité "Smoke and Fumes", non seulement des fonds ont été injectés dans ses propres recherches, mais le scepticisme de la population aurait été attisé et les lois sur l'environnement auraient été rejetées comme étant précipitées, coûteuses ou inutiles.

Ces documents viennent s'ajouter à un ensemble croissant de preuves montrant que l'industrie pétrolière s'est activement employée à saper la confiance du public dans la science du climat et à remettre en question la nécessité d'une action climatique, alors même que ses propres connaissances augmentaient", a déclaré M. Muffett. Ces preuves ne sont que la partie émergée de l'iceberg et nécessitent une enquête plus approfondie. Les compagnies pétrolières ont eu très tôt l'occasion de reconnaître la science du climat et de donner aux consommateurs les moyens de faire des choix éclairés. Mais elles ont adopté une approche différente. Le public a le droit de savoir pourquoi.

Se débarrasser du pétrole n'est pas encore pour demain

Pour freiner le réchauffement climatique, les combustibles fossiles doivent disparaître, à commencer par le charbon. Le pétrole, lui, continuera à dominer tout au long du XXIe siècle. Les approvisionnements au Moyen-Orient resteront également incontournables dans les prochaines décennies, selon Jean-Louis Nizet, secrétaire général de la Fédération pétrolière belge.

"Si la civilisation doit survivre, nous devons cultiver la science des relations humaines - la capacité de tous les peuples, de toutes sortes, à vivre ensemble, dans un même monde en paix." Les déclarations du président américain Franklin Roosefelt (1882-1945) n'ont rien perdu de leur actualité au XXIe siècle.

La géopolitique du pétrole Ce

qui est remarquable, bien sûr, c'est la manière dont les États-Unis ont mis en œuvre cette déclaration. Ce même Roosefelt, qui a traversé deux guerres mondiales, a conclu un pacte secret avec l'Arabie saoudite, un accord "pétrole contre sécurité", en février 1945, avant la fin de la Seconde Guerre mondiale. Dans ce pacte, l'Arabie saoudite promettait aux États-Unis un accès sans entrave à ses réserves de pétrole en échange d'une protection et d'une assistance militaire à la dynastie saoudienne.

Pour les États-Unis, la politique étrangère, la sécurité énergétique et la sécurité nationale ont toujours été intrinsèquement liées", a déclaré Philippe Copinschi, expert en énergie à l'Institut Sciences Po de Paris et consultant indépendant sur l'énergie et l'Afrique. Copinschi était l'un des orateurs du colloque "Faire remonter le pétrole ou le laisser dans le sol", organisé par le Réseau belge des ressources naturelles.

Ainsi, les États-Unis ne sont pas tellement intéressés par l'extraction du pétrole - ils préfèrent laisser cela au marché libre. Regardez l'Irak : ils en ont fait un supermarché du pétrole. Leur préoccupation est plutôt de contrôler les flux entre les zones de production et de consommation pour sécuriser les approvisionnements. Les États-Unis sont aussi la seule puissance à disposer d'une marine à l'échelle mondiale, avec des bases dans tous les océans et le contrôle des détroits qui sont des goulots d'étranglement potentiels.

Un quart de la consommation de pétrole est aujourd'hui le fait des États-Unis, alors qu'ils ne représentent que 5 % de la population mondiale. 8 Américains sur 10 possèdent une voiture, en Belgique c'est 5,6 sur 10.

Un avion décolle avec du pétrole, ou il ne décolle pas.
Nous sommes donc toujours fermement ancrés dans le
pétrole. Et si aujourd'hui le pétrole n'est pratiquement
plus utilisé pour la production d'électricité, il reste une
source d'énergie indispensable pour les transports.
Deux tiers à trois quarts de la consommation totale de
pétrole sont consacrés aux transports, et 95 % des
transports mondiaux sont basés sur le pétrole. Seuls 10
% du pétrole brut sont destinés à la production de
matières plastiques et de produits finis de grande
valeur. Donc pas de mondialisation sans pétrole.

Copinschi : "Pour les véhicules, on observe un passage
notable aux voitures électriques, mais pour le transport
maritime et l'aviation, c'est encore loin dans le futur. Un
avion décolle avec du pétrole ou il ne décolle pas. Et la
guerre moderne ne peut pas se passer de pétrole. Le
jour où les transports pourront se passer de pétrole, le
pétrole cessera d'être une ressource stratégique. Il
deviendra alors une marchandise comme le charbon,
que les gens produiront tant que ce sera
économiquement viable".

 Or, nous en sommes loin : selon les perspectives
énergétiques de l'Agence internationale de l'énergie, le
pétrole restera crucial dans les décennies à venir. Après
2040, 70 % de l'énergie destinée aux transports
proviendra encore du pétrole. C'est ce qui ressort
également des chiffres de BP, qui sont considérés
comme directifs dans le secteur pétrolier.

La demande de pétrole va croître particulièrement fortement dans les pays émergents, selon l'Opep. En 2014, cette demande était de 91 millions de barils par jour, d'ici 2040, elle devrait atteindre 111 millions de barils. En Europe et aux États-Unis, la demande diminue, en raison d'une efficacité énergétique croissante, mais dans le même temps, une grande partie de la population mondiale reste aujourd'hui privée de l'énergie nécessaire.

Exit le pic pétrolier. Le pétrole en abondance

Pour le marché pétrolier, cette demande croissante n'est même pas un problème car l'offre de pétrole est abondante, comme en témoigne le faible prix du pétrole. En un an et demi, il a plongé de 110 dollars le baril à environ 50 dollars le baril aujourd'hui. La même tendance est attendue pour l'année prochaine, lorsque le pétrole iranien reviendra sur le marché après la levée des sanctions.

Selon Philippe Copinschi, la théorie du pic pétrolier est donc aujourd'hui obsolète. Le géologue qui a émis cette théorie dans les années 1950 n'avait pas tenu compte des ressources pétrolières de l'Alaska et des progrès technologiques de l'époque". Copinschi qualifie de spectaculaire le progrès technologique dans le secteur pétrolier. Alors qu'auparavant, seuls 35 % du pétrole étaient remontés à la surface à partir d'un champ pétrolier, considérés comme facilement extractibles et donc économiquement viables, ce pourcentage a aujourd'hui considérablement augmenté. La majeure partie de la croissance de la production provient de cela, plus que du forage de nouveaux champs pétrolifères.

Un autre facteur est l'offre de pétrole non conventionnel, provenant des sables bitumineux ou des gisements de pétrole en eaux profondes, qui étaient à l'époque sans précédent et non exploitables. Cela a également amené de nouveaux acteurs sur le marché, comme le Canada et certains pays d'Amérique latine disposant de pétrole en eaux profondes, tels que le Brésil et le Venezuela.

Et enfin, il y a le gaz et le pétrole de schiste aux États-Unis. Jean-Louis Nizet, secrétaire général de la Fédération pétrolière belge : "Les États-Unis ont doublé leur production en cinq ans et sont devenus le premier producteur mondial en 2014. Ils ont plafonné plus de barils de pétrole l'année dernière que l'Arabie saoudite, à 11 millions de barils par jour. t L'Arabie saoudite n'a pas respecté le quota et a continué à pomper. C'est "du jamais vu dans le monde du pétrole".

L'Arabie saoudite est unique
Pourtant, même dans ce contexte de surproduction et de pétrole de schiste américain, les réserves du Moyen-Orient, et plus précisément de l'Arabie saoudite, restent cruciales. Nizet : "Dans la production mondiale de pétrole, il y en a toujours trois sur la scène : les États-

Unis, la Russie et l'Arabie saoudite, et de temps en temps, leurs positions changent. Mais l'Arabie saoudite revêt une importance particulière. La région représente toujours 60 % des réserves pétrolières prouvées disponibles, avec cette différence majeure par rapport aux autres gisements qu'elles sont "flexibles". C'est-à-dire qu'ils peuvent rapidement ajuster leur capacité de production lorsque d'autres producteurs se retirent pour stabiliser le marché. C'est ce qui s'est produit en 2011, lorsque la production pétrolière de la Libye a pratiquement cessé. La Libye produisait 1,5 million de barils par jour, soit un peu moins de 2 % de la production mondiale. L'Arabie saoudite a immédiatement réagi en augmentant sa production.'

Se détourner du pétrole, un impératif moral
La seule véritable menace pour l'industrie pétrolière est le réchauffement de la planète. Copinschi, "Brûler du pétrole réchauffe inévitablement le climat ; il est urgent de trouver une alternative. L'âge de pierre ne s'est pas arrêté à cause de la pénurie de pierres, mais à cause de la percée de nouvelles techniques". Copinschi a également un autre argument : "Dans quelques décennies, les gens vont vraiment nous traiter de fous pour avoir utilisé une ressource aussi précieuse que le pétrole juste pour la brûler dans les véhicules au lieu de la réserver à la fabrication de produits à haute valeur ajoutée.

Cette prise de conscience commence à se faire sentir. Depuis des années, des campagnes sont menées dans le monde entier pour éliminer progressivement les subventions aux combustibles fossiles.

Selon les écologistes, le nouvel accord sur le climat devrait permettre de concrétiser cette idée. Certains pays ont d'ailleurs commencé à le faire, profitant du faible prix du pétrole.

Il y a le mouvement de désinvestissement, qui exhorte les institutions à cesser d'investir dans des projets liés au pétrole, car cela peut conduire à des actifs échoués et à une bulle de carbone : des titres qui perdent toute valeur, lorsque ce futur pétrole ne pourra plus être brûlé, et qui peuvent donc provoquer un nouveau krach sur les marchés financiers.

Sortie du charbon
Lors de la dernière réunion du G7 (États-Unis, Allemagne, Grande-Bretagne, France, Italie, Japon et Canada) en juin, les plus grands pays industrialisés se sont engagés à éliminer définitivement la consommation de combustibles fossiles (charbon, gaz et pétrole) d'ici la fin du siècle, en commençant par interdire le charbon pour la production d'électricité. Il s'agit donc d'une transformation profonde du secteur énergétique d'ici 2050.

Depuis 2010, 63 GW de centrales au charbon prévues ont déjà été suspendues dans le G7. 124 GW d'anciennes centrales ont fermé ou fermeront d'ici 2020.

Comme pour le pétrole, les États-Unis sont également un poids lourd de l'utilisation du charbon, avec 288 GW de production d'électricité à partir du charbon. C'est plus de deux fois plus que les autres pays du G7 réunis. Mais ils sont en même temps le fer de lance de l'initiative. Ils se sont engagés à fermer 84 GW d'ici 2020 et à ne pas en construire de nouveaux. Les États-Unis s'emploient également à bloquer tout nouveau financement de projets liés au charbon.

Pour l'Allemagne, avec l'Energiewende, c'est une question difficile, mais les lourdes pertes subies par les nouvelles centrales au charbon ont fait prendre conscience qu'il est temps d'abandonner le charbon.

La Grande-Bretagne veut fermer toutes les centrales à charbon d'ici 2025. C'est ce qu'a promis la ministre du climat et de l'énergie, Amber Rudd. Des propositions concrètes en ce sens seront sur la table au printemps de l'année prochaine. Les vieilles centrales à charbon disparaissent rapidement, mais au deuxième trimestre 2015, plus de 20 % de l'électricité était encore produite par des centrales à charbon. Un peu plus de 30 % de l'électricité britannique provient de centrales à gaz. L'électricité issue de sources renouvelables y atteint 25,3 % et le nucléaire 21,5 %. La France et l'Italie prennent également des mesures concrètes.

Seuls le Japon et le Canada se distinguent par leur forte dépendance au charbon. Le Japon prévoit actuellement la construction de 48 nouvelles centrales électriques au charbon, représentant 27 GW. Depuis la catastrophe nucléaire de Fukushima, le pays est à nouveau très dépendant du charbon. Le Canada s'engage pleinement dans l'exploitation de ses sables bitumineux, très polluants et à fortes émissions de CO2. Le pays s'est également retiré du protocole de Kyoto, arguant que l'exploitation de ces sables bitumineux l'empêcherait d'atteindre ses objectifs.

Selon certains analystes, cet engagement du G7 est trop peu et trop tard. Au lieu de la fin du siècle, il serait préférable de déplacer cet objectif à 2050. En outre, les grands émetteurs comme la Chine et l'Inde ne sont pas inclus dans l'accord.

Quand Anvers s'attaquera-t-elle à ses exportations de pétrole "sale" ?
Chaque année, des dizaines de milliers de tonnes de carburant à haute teneur en soufre sont exportées du port d'Anvers vers l'Afrique. Un carburant qui ne répond pas aux normes européennes et qui a un impact énorme sur les personnes et l'environnement. Les enquêtes menées en Flandre et à Anvers le révèlent : nous ne le faisons pas.

Tout a commencé par une invitation de l'ONG suisse Public Eye : nous voulions savoir si nous voulions être présents lors du déchargement d'un conteneur dans le port d'Anvers. Ce conteneur contenait des barils remplis d'"air sale" en provenance du Ghana et devait être acheminé par voie ferrée vers la Suisse.

La manifestation a été judicieusement baptisée "retour à l'envoyeur". Après tout, l'air pollué était livré au siège de Trafigura, un négociant suisse de carburant.

Sur la base d'enquêtes par sondage menées dans huit pays africains, Public Eye avait déterminé que plusieurs négociants en carburant européens expédiaient chaque année en Afrique de l'Ouest des tonnes de diesel dont la teneur en soufre était bien supérieure à la norme européenne. Une atteinte à la santé publique et à l'environnement. En effet, le diesel à haute teneur en soufre est associé à des émissions élevées de suie et de particules.

Anvers, l'expéditeur

Retour à l'expéditeur, vers la Suisse ... mais ceux qui ont lu le rapport d'un peu plus près ont vite remarqué que le conteneur n'est pas passé par Anvers. Anvers appartient à la région dite ARA, qui comprend les ports d'Amsterdam, de Rotterdam et d'Anvers. ARA semble être la base parfaite pour la production et l'exportation de diesel de qualité inférieure vers l'Afrique.

Selon Public Eye, 50 % du carburant importé en Afrique de l'Ouest provient de la région ARA. De plus, 80 % du diesel provenant de la région ARA aurait une teneur en soufre bien supérieure à la norme européenne. Alors que l'Europe autorise une teneur en soufre de 10 ppm (parties par million), le carburant dit "de qualité africaine" contiendrait parfois plus de dix fois la quantité de soufre.

Contrôle de la qualité et rapports de sécurité
La qualité des carburants destinés au marché extra-européen n'est-elle donc pas contrôlée ? Un coup de fil au Service public fédéral Economie révèle qu'il n'existe pas de législation spécifique à ce sujet. Le Fonds d'analyse des produits pétroliers (FAPETRO) contrôle annuellement toutes les pompes publiques et les sites de stockage pour vérifier si les produits sur le marché belge répondent aux critères européens.

Et c'est presque toujours le cas", déclare Chantal De Pauw, porte-parole. En effet, lors des contrôles, FAPETRO ne fait aucune distinction entre les réservoirs. Rien n'indique non plus qu'il existe des lignes de production séparées pour le combustible à l'étranger. C'est possible. Mais, ajoute Mme De Pauw, la Belgique joue également un rôle important en tant que pays de transit. Ces produits pétroliers ne sont pas destinés au marché belge et ne font donc pas l'objet d'un contrôle légal.

Il est difficile de savoir si et où le carburant de qualité inférieure est produit à Anvers. Le rapport de Public Eye mentionne un certain nombre de terminaux à Anvers, à partir desquels des négociants suisses opéreraient (Vesta Terminals, Sea Tank Terminal, Gunvor Petroleum, ATPC).

Les propriétaires de terminaux savent-ils exactement ce qui est stocké ou produit sur leurs sites ? En tant que prestataire de services dans l'industrie pétrolière, nous ne sommes pas propriétaires des produits contenus dans les réservoirs", répond Vesta Terminals, par exemple. Le terminal n'a aucune influence, aucune connaissance et aucun droit de refuser les transactions de son client. Dans le même temps, nous agissons en permanence dans le respect total de la législation en vigueur".

Il s'agit ensuite des commerçants eux-mêmes. Les terminaux sont cependant soumis, un par un, à la législation SEVESO. Celle-ci a été élaborée après une catastrophe industrielle chimique survenue à Seveso, en Italie, au milieu des années 1970. La directive européenne SEVESO vise à "prévenir les accidents graves impliquant des substances dangereuses et à limiter les conséquences de ces accidents pour l'homme et l'environnement."

Les entreprises SEVESO - qui produisent, utilisent, manipulent ou stockent des substances dangereuses en grandes quantités - sont donc soumises à une série de réglementations de sécurité et de mesures de protection.

Les établissements dits à seuil élevé sont également soumis à un rapport de sécurité quinquennal minimum. Seulement : ce rapport se concentre sur la sécurité des personnes et de l'environnement chez eux. Pas un mot sur la qualité des substances produites et leur impact, par exemple, en Afrique.

225 000 tonnes de diesel sale
Il n'y a donc pas de contrôle de qualité sur ce qui sort. Toutefois, les exportateurs doivent déclarer aux douanes la nature de leurs marchandises exportées. Cette déclaration se fait sur la base des codes internationaux HS (Harmonized System Codes), une combinaison de huit chiffres qui décrivent précisément la composition de la marchandise et donnent également des indications sur la teneur en soufre.

Les données douanières alimentent les statistiques d'exportation de la Banque nationale de Belgique. Celles-ci montrent en effet que, ces dernières années, la Flandre a exporté vers l'Afrique de l'Ouest de nombreuses tonnes de diesel dont la teneur en soufre est supérieure à celle autorisée en Europe.

Le plus gros acheteur est le Togo, avec son port de Lomé, qui, selon Public Eye, fait office de plaque tournante. De grands pétroliers arrivent dans les eaux au large de Lomé. Leur cargaison est transbordée dans des navires plus petits et part ensuite vers l'arrière-pays africain.

Plus de 225 000 tonnes ont été enregistrées l'année dernière (2015). Seuls les Pays-Bas ont fait mieux. Ils ont reçu 305. 798 tonnes de diesel "sale" l'année dernière.

Certes, ce carburant peut être utilisé comme source de chaleur en toute légalité en Europe. Mais cet argument semble un peu trop léger pour expliquer le chiffre élevé des exportations. Un autre fait est que certaines raffineries de pétrole des trois ports ARA travaillent ensemble, ce qui signifie que les navires transportant des produits pétroliers font constamment des allers-retours entre la Flandre et les Pays-Bas.

Amsterdam en action
Le rapport de Public Eye a été une raison suffisante pour que le conseil municipal d'Amsterdam, propriétaire de l'autorité portuaire d'Amsterdam, se saisisse de la question. Jeudi dernier, 37 des 45 membres du conseil municipal ont voté en faveur d'une motion visant à interdire la production de carburants toxiques. Cela se ferait par le biais d'une convention comportant des accords contraignants entre l'autorité portuaire et les entreprises.

L'échevine d'Amsterdam Kajsa Ollongren a souligné qu'elle ne peut pas promettre qu'une telle convention se concrétisera. Je ne peux pas faire respecter ce genre d'interdiction", a-t-elle déclaré à Het Parool. Il n'existe aucun instrument juridique permettant d'interdire le diesel à forte teneur en soufre. Ollongren semble attendre davantage de la coopération avec d'autres ports, à savoir Rotterdam et Anvers.

Dans le même temps, Amsterdam a demandé à Lilianne Ploumen, la ministre néerlandaise de la coopération au développement et du commerce extérieur, de soulever la question du transport des carburants toxiques au niveau international.

Mme Ploumen a fait un premier pas dans ce sens lundi dernier. Avec sa collègue nigériane Amina Mohammed (ministre de l'environnement, anciennement envoyée spéciale des Nations unies pour les objectifs de développement durable), elle a organisé une table ronde. Des acteurs de la société civile, des organisations internationales et des gouvernements y ont convenu de s'attaquer à la pollution atmosphérique causée par le diesel sale en Afrique de l'Ouest.

Selon Mme Ploumen, les réglementations en Europe n'apportent pas de solution car le commerce du diesel sale n'est pas interdit au niveau international. C'est pourquoi, selon elle, les pays en développement doivent fixer leurs propres règles pour écarter les carburants sales. Toutefois, la ministre néerlandaise attend des entreprises qu'elles "entament des discussions avec leurs collègues et les gouvernements locaux afin de travailler ensemble sur des carburants plus propres et de meilleures réglementations".

L'argument de Ploumen selon lequel les pays africains sont également responsables est logique. Il apparaît également dans la défense des négociants en carburant. Ils ne nient pas l'existence de flux de diesel à haute teneur en soufre vers l'Afrique. Vitol, par exemple, l'un des "principaux accusés" suisses et actif dans le port d'Anvers, a révélé que la fourniture de diesel en Afrique est une activité hautement concurrentielle.

"Le soumissionnaire le moins cher gagne. Mais ce faisant, Vitol agit toujours en conformité avec les spécifications du marché concerné". Lire : nous ne faisons rien d'illégal. En effet, l'exportation de diesel à haute teneur en soufre n'est pas illégale, tant que les pays concernés ne fixent pas de normes plus strictes.

Mais depuis le reportage de Public Eye, ils ne sont pas restés inactifs non plus en Afrique. Lundi dernier, le Programme des Nations unies pour l'environnement (PNUE) a annoncé que le Nigeria, le Bénin, le Togo, le Ghana et la Côte d'Ivoire cesseraient d'importer du diesel européen à teneur excessive en soufre. Aujourd'hui, nous faisons un grand pas en avant", a déclaré Amina Mohammed, ministre nigériane de l'environnement. Nous abaissons la limite de la teneur en soufre de 3 000 ppm à 50 ppm. Il en résultera une grande amélioration de la qualité de l'air dans nos villes et cela nous permettra également de fixer des normes modernes pour notre parc automobile.

La Flandre n'est pas à bord
Alors qu'à Amsterdam, à La Haye et en Afrique, les marionnettes dansaient, à Anvers et en Flandre, tout est resté remarquablement calme. Un coup de fil à l'autorité portuaire, à l'échevin du port et au ministre-président flamand, a permis d'apprendre que personne ne semblait être au courant de ce qui se passait autour

de nous ces dernières semaines. Même si le port d'Anvers joue un rôle important dans l'exportation du "diesel sale".

Le ministre flamand de la Coopération au développement et du Commerce extérieur Geert Bourgeois est actuellement en visite de travail au Texas. Nous avons interrogé son cabinet pour connaître sa réaction à l'initiative de son homologue néerlandaise, Lilianne Ploumen, et la responsabilité politique de la Flandre. Mais il n'a pas été facile de répondre à cette question.

Anvers ne fait rien, mais pense qu'une "approche internationale" est préférable
Mercredi après-midi, le sp.a d'Anvers a demandé à la ville "d'introduire l'interdiction d'Amsterdam de produire des carburants fortement pollués à Anvers également. Ce n'est que si les ports d'Anvers, d'Amsterdam et de Rotterdam introduisent ensemble une telle interdiction que le commerce de ces carburants très pollués pourra être arrêté".

Dans la soirée, l'échevin du port Marc Van Peel a également réagi. Je suis d'accord avec les collègues néerlandais qui souhaitent établir une convention. Dans le port d'Anvers, nous pouvons également faire en sorte qu'il soit négociable de s'asseoir autour de la table avec les sociétés portuaires à ce sujet. Mais il serait beaucoup plus efficace de s'attaquer à ce problème au niveau international. Nous pourrions peut-être élaborer une action en commun avec Amsterdam. Soit nous optons pour une réglementation européenne, soit les pays africains doivent prendre les mesures adéquates. Cette façon de faire aura plus d'effet que si les ports européens prennent des mesures individuellement.

Le capitaine du port ajoute que le nombre d'initiatives de durabilité prises par le port aujourd'hui ne se compte plus sur les doigts d'une main. Mais nous devons également veiller à garder les entreprises à bord", ajoute-t-il. C'est pourquoi une approche internationale de la question des carburants sera plus efficace qu'une interdiction que nous ne pouvons pas légalement faire respecter mais qui n'est qu'un joli discours.

Une action internationale semble donc être la seule bonne approche, ne serait-ce que pour sauvegarder les intérêts économiques des ports de l'ARA. Se pose la question de savoir qui prendra cette action et réunira les principaux acteurs autour de la table. Les Pays-Bas et l'Afrique ont déjà pris des mesures. Anvers et la Flandre sont désespérément à la traîne. Est-il temps de changer de cap ? Ou la patate chaude sera-t-elle simplement transmise ?

La stratégie de sortie des grandes compagnies pétrolières ?

La stratégie de sortie des majors du pétrole et du gaz, une bombe à retardement
Si le monde post-fossile est inévitable, qu'est-ce que cela signifie pour les géants du pétrole et du gaz ? Sont-ils prêts pour cette révolution ? Selon Olivier Beys, ils peuvent suivre trois scénarios, dont aucun n'est simple ou évident. Une analyse.

Tom Kenis a examiné avec art dans MO* le passage du pic pétrolier au pic de la demande de pétrole. Il affirme à juste titre que c'est la demande, plutôt que l'offre nécessairement limitée de combustibles fossiles, qui nous mènera inexorablement vers un monde post-fossile. Mais qu'est-ce que cela signifie pour les géants du pétrole et du gaz, et surtout, sont-ils prêts pour cet avenir carrément révolutionnaire ?

Une perruche dans un puits de mine en Belgique
L'acquisition de l'entreprise belge Lampiris par le géant français du pétrole et du gaz Total a fait grand bruit en 2016. Lampiris, qui se présentait comme le plus grand fournisseur d'électricité (et de gaz) 100% verte, a été accusée de vendre son âme au diable.

Il n'est pas surprenant que, quelques mois après le rachat, la société se soit retrouvée en queue du classement des fournisseurs d'énergie publié par Greenpeace en septembre dernier, et ait logiquement
112

perdu un tas de clients au profit de concurrents tels qu'Eneco.

Plus intéressante est la question de savoir pourquoi Total s'aventure dans des secteurs dans lesquels il n'a pas ou peu d'expérience. Kenis a déjà fait allusion au monde complètement différent dans lequel nous vivons depuis la crise financière de 2008. Des valeurs établies telles que Total opèrent un (pour l'instant léger) changement de cap pour apporter un (début de) réponse aux défis du paysage énergétique en pleine mutation.

Les investissements dans le secteur de l'énergie étant amortis sur une durée de plusieurs décennies et non de quelques années, une réponse appropriée à ces évolutions est d'autant plus importante. L'exemple de Total et de Lampiris n'est que l'illustration dans notre pays d'une tendance plus large.

Le temps est essentiel
De nombreuses raisons expliquent pourquoi un examen approfondi de la stratégie, voire du modèle économique, est à l'ordre du jour dans le secteur. En partie, bien sûr, il s'agit de la prolifération d'accords et de traités politiques internationaux, comme l'Accord de Paris sur le climat entré en vigueur le 4 novembre 2016, ou l'interdiction des gaz nocifs pour le climat dans les installations frigorifiques, convenue à Kigali en octobre 2016. Beaucoup de choses bougent également au niveau national, comme l'illustre le travail législatif

autour de l'interdiction du moteur à combustion interne dans les voitures d'ici 2025 ou 2030 en Norvège, aux Pays-Bas, en Allemagne et ailleurs.

Cette législation va de pair avec les énormes progrès technologiques réalisés dans le domaine des alternatives, qu'il s'agisse des énergies renouvelables, de l'électrification de la mobilité et du chauffage, des nouvelles possibilités de stockage, des innovations en matière de réseaux, etc. Mais au moins aussi importante est la prise de conscience rapide dans le secteur financier que le risque de dépréciation précoce des investissements dans les combustibles fossiles est un problème majeur.

Cela signifie un risque pour les rendements des investisseurs, voire pour la stabilité de l'ensemble du système financier et économique dans lequel les combustibles fossiles jouent encore un rôle important.

L'une des voix les plus autorisées à chercher une réponse à ce risque est celle du Conseil de stabilité financière du G20. Par l'intermédiaire de son groupe de travail sur les informations financières liées au climat, il a récemment indiqué clairement que les modèles économiques des entreprises doivent être conformes à un scénario de 2°C et que les investissements financiers liés au climat doivent être divulgués.

Ce n'est qu'à cette condition qu'il est possible de réaliser une analyse des risques solide, qui constitue la base de décisions d'investissement saines et crédibles.

Tout cela donne lieu à de véritables cauchemars pour les compagnies pétrolières et gazières. Comme l'ONG Oil Change International l'a clairement indiqué en septembre, les émissions potentielles de tous les gisements de pétrole, de gaz et de charbon actuellement utilisés suffisent à nous faire dépasser les 2°C.

En d'autres termes, il n'y a théoriquement plus de place pour l'exploration et le développement de nouveaux champs, sans parler des défis techniques de plus en plus difficiles et risqués que représente le pompage dans les eaux profondes ou arctiques. Bref, c'est un problème de taille.

Stratégie avec le pétrole et le gaz

Comme je l'ai indiqué précédemment dans The Standard, il existe en gros trois stratégies permettant à ces entreprises de se sortir de leur problème.

La première approche s'appuie sur la conviction de certains acteurs du secteur qu'ils peuvent encore parvenir à brûler leurs réserves, contrairement à leurs concurrents. Ils rachètent des concurrents, réduisent les coûts et s'opposent à la mise en place d'énormes projets.

La deuxième approche est l'inverse : un scénario de contraction, qui consiste à vendre des actifs et à se concentrer sur les activités rentables qui rapportent suffisamment de dividendes aux actionnaires - qui, dans ce cas, exercent une pression positive sur la suppression progressive d'activités spécifiques.

Une troisième approche consiste à se tourner vers des activités dans d'autres secteurs, notamment la prestation de services dans le secteur de l'électricité, les énergies renouvelables, les réseaux et autres. De cette manière, ils entrent dans le giron des grands producteurs du secteur de l'électricité, qui effectuent à leur tour leur propre reconversion.

Ils rejoignent le club des anciennes entreprises de services publics, mais toujours influentes, telles que les entreprises françaises Engie (ex GDF-Suez), RWE et

E.ON. Elles ont séparé leurs produits et services d'avenir et rentables dans le secteur de l'électricité de leur ancienne production d'énergie, polluante et centralisée. Cette démarche est un peu analogue à celle des banques qui ont placé leurs prêts douteux dans une entité distincte ou "bad bank" à la suite du krach financier de 2008.

Total semble opter pour la troisième option, grâce notamment à l'acquisition de Lampiris et à l'expertise et la part de marché qui en découlent, en rachetant le fabricant de batteries Saft et le fabricant de panneaux solaires Sunpower.

Remarque importante cependant : Les investissements de Total dans ces secteurs restent dérisoires par rapport à l'ensemble de ses dépenses d'investissement, notamment dans le secteur du pétrole et du gaz. Sont-ils donc sérieux, ou font-ils ces investissements seulement maintenant que les prix du pétrole sont bas (et risquent de le rester pendant un certain temps) ? Après tout, les aventures passées de Shell ou de BP "Beyond Petroleum" invitent à la vigilance.

Prospective
Jeremy Leggett, l'homme à l'origine du fabricant de systèmes photovoltaïques SolarCentury, ainsi que James Watson, directeur de l'organisation européenne de lobbying SolarEurope, prennent déjà au sérieux les démarches de Total. La question est de savoir dans

quelle mesure Total et les autres géants du pétrole et du gaz sont prêts pour l'avenir.

Le CDP constate un net écart transatlantique entre les entreprises européennes et nord-américaines, avec Statoil, Eni et Total en pole position. Cela s'explique principalement par la part plus importante du gaz dans les entreprises européennes et, dans une certaine mesure, par une plus grande diversification de leurs activités, alors que les Nord-Américains sont plus enclins à exploiter les sables bitumineux et autres.

Nous constatons également des différences significatives dans le discours. Par exemple, les entreprises européennes ont signé une lettre remarquée suite aux négociations climatiques de Paris, appelant à un prix sur le carbone, loin d'être soutenue par leurs homologues nord-américaines.

Un prix du carbone joue à l'avantage des Européens en raison de leurs ressources gazières moins intensives en carbone, ce qui montre qu'il n'y a pas de solidarité dans le secteur. C'est chacun pour soi, ce qui explique pourquoi certaines entreprises pensent pouvoir être plus malignes que la concurrence.

À titre d'exemple, cela ressort des conversations que le correspondant climatique Jelmer Mommers a eues avec des employés de Shell en 2016. Ils sont presque unanimement convaincus de la supériorité de leur propre entreprise.

La mer est toujours profonde
Le CDP peut permettre de les classer (à l'exception de
Saudi Aramco, Rosneft et PetroChina, qui n'ont pas
répondu au CDP), mais la même enquête montre que
les "investissements à faible intensité de carbone" ne
représentent que 1,5 % des 160 milliards de dollars
d'investissements totaux.

En d'autres termes, ils continuent à axer leur stratégie
sur l'exploration (et la preuve) des réserves de
ressources, en espérant que la possession de ces
réserves prouvées augmentera leur valeur. Elles se
trompent. Comme le CDP le souligne également, le pic
de la demande est prévu au cours de la prochaine
décennie. C'est un délai très court pour prendre le
virage et sortir ces énormes réserves de combustibles
fossiles des bilans.

En outre, les entreprises appartenant à des
gouvernements nationaux empêchent l'accès aux
ressources facilement accessibles, ce qui oblige
pratiquement ces entreprises privées internationales à
chercher dans des zones telles que l'Arctique ou les
grands fonds marins.

Ces projets ne sont pas seulement coûteux, ils
représentent un défi technique et logistique énorme et,
d'un point de vue environnemental, ils comportent des
risques irresponsables.

Le CDP note également que la direction de ces entreprises est encore principalement récompensée en fonction de la production de l'entreprise. Il n'est donc pas étonnant que les stratégies à long terme de ces mastodontes ne connaissent que peu de changements structurels.

En bref, ces 11 géants du pétrole et du gaz ne sont absolument pas prêts à affronter les eaux tumultueuses des prochaines décennies, qu'elles soient politiques, naturelles ou financières.

Le fait que les onze entreprises interrogées comptent parmi les plus importantes d'un secteur responsable de 50 % des émissions mondiales de CO2 devrait également nous alarmer, vous et moi. Si elles parviennent à poursuivre leur exploitation des combustibles fossiles, le climat est condamné.

En revanche, un effondrement incontrôlé de ce secteur pourrait ébranler des industries, des économies, des pays et des régions entières et représenter un véritable danger pour la paix mondiale.

C'est la politique, stupide

Raison de plus, donc, pour faire pression en faveur d'un reporting complet et transparent des portefeuilles d'investissement des banques et des investisseurs institutionnels tels que les fonds de pension, les gestionnaires d'actifs et les assureurs, et pour exiger que les entreprises adoptent des ambitions climatiques conformes à la fourchette de 1,5° à 2°C.

C'est un domaine dans lequel la société, les citoyens et la politique jouent un rôle décisif. Nous ne sommes donc pas du tout impuissants face à ces géants. Il faut surtout le vouloir, et le faire respecter publiquement et dans l'arène politique.

Un programme contre-productif pour des profits durables

Un milliard de dollars. C'est le budget total dépensé par les cinq plus grandes compagnies pétrolières et gazières depuis l'accord de Paris sur le climat en campagnes de lobbying pour retarder les politiques climatiques, et en campagnes de publicité pour leur donner une image verte. Suite à la toute première audition sur la tromperie climatique au Parlement européen, les parlementaires demandent qu'ExxonMobil se voit refuser l'accès aux institutions européennes.

ExxonMobil, Shell, Chevron, BP et Total ont dépensé ensemble 195 millions de dollars chaque année depuis 2015 en campagnes publicitaires pour se donner une

121

image verte, tout en dépensant simultanément 200 millions de dollars par an en lobbying politique pour contrôler, retarder ou bloquer les mesures climatiques.

Les données ont été recueillies par InfluenceMap, un groupe de réflexion basé à Londres.

Le rapport publié vendredi montre notamment que BP a donné 13 millions de dollars à une campagne qui a réussi à empêcher l'introduction d'une taxe sur le carbone dans l'État de Washington. Chacune des cinq entreprises mentionnées, soit dit en passant, est membre de l'American Petroleum Institute, qui a réussi l'an dernier à déréglementer la production de pétrole et de gaz aux États-Unis et à supprimer les restrictions sur les émissions de méthane.

"Tout cela alors que les grandes compagnies pétrolières émergent tout juste comme les partenaires les plus importants de la transition énergétique", indiquent les auteurs du rapport.

Audience d'ExxonMobil
La publication du rapport est intervenue le lendemain de la toute première audition au Parlement européen au cours de laquelle un géant pétrolier a dû répondre de la tromperie climatique. La multinationale ExxonMobil aurait su dès 1977 que les émissions de CO2 entraînent un changement climatique. Pour avoir caché et nié cette information, des procès sont déjà en

cours contre la société dans le Massachusetts, l'État de New York et Washington.

Lors de l'audition du Parlement européen, Geoffrey Supran, chercheur au MIT et à Harvard, a présenté les résultats d'une étude portant sur 200 documents internes d'ExxonMobil. Quatre-vingt pour cent de ces documents confirmaient les conclusions alarmantes des climatologues. Environ le même pourcentage de tous les articles et chroniques publiés par ExxonMobil au cours de la même période mettaient en doute ces conclusions.

"Regardons les choses en face : la science du changement climatique est trop incertaine", écrivait l'entreprise dans le New York Times en 1997. En 2000, elle répétait qu'"il est impossible pour les scientifiques d'attribuer l'augmentation récente de la température à des causes humaines."

"La grande majorité des experts en combustibles fossiles sont convaincus que les entreprises, dont ExxonMobil, ont diffusé des informations erronées pour tromper le public et les politiciens, et bloquer toute action", a déclaré Geoffrey Supran à la fin de sa présentation. "Malheureusement, elles y ont largement réussi".

Contribution à l'économie européenne
ExxonMobil lui-même ne s'est pas présenté à l'audience. Dans une lettre divulguée à IPS, Nicolaas

Baeckelmans, le vice-président des affaires européennes de la société, a demandé aux parlementaires organisateurs de prêter attention à "notre contribution substantielle à l'économie européenne, 14 000 employés dans 16 pays de l'UE et 10 milliards d'investissements entre 2013 et 2017."

Il fait également référence à une étude scientifique, commandée et payée par ExxonMobil en 2018, qui sape les travaux de Geoffrey Supran.

L'absence d'ExxonMobil n'a pas été bien accueillie étant donné la gravité de l'accusation. Molly Scott Cato, députée européenne des Verts, a présenté une proposition visant à interdire dorénavant aux lobbyistes d'ExxonMobil l'accès au Parlement européen.

Si la proposition est approuvée d'ici la fin avril, ExxonMobil sera la deuxième multinationale à qui cela arrive. La première était Monsanto. Il y a un an et demi, la société avait refusé de se présenter à une audition sur l'interférence non autorisée dans les études sur le glyphosate contenu dans le désherbant RoundUp.

Lobbyistes à Bruxelles
La proposition de Cato est une démarche inestimable pour les militants du climat. Deux jours seulement avant l'audience, l'ONG Corporate Europe Observatory, basée à Bruxelles, a annoncé qu'ExxonMobil a dépensé 35 millions d'euros en campagnes de lobbying pour influencer les décideurs européens depuis 2010.

L'entreprise emploie directement 12 lobbyistes à Bruxelles et fait également partie de quatre groupes de réflexion et de six groupes d'intérêt qui emploient ensemble 170 lobbyistes.

Les lobbyistes et les cadres sont en contact direct avec les commissaires européens et occupent des postes clés dans les groupes d'experts et les conseils consultatifs de l'UE.

"Il est clair pour tout le monde qu'ExxonMobil, et les autres géants du pétrole, font ce qu'ils peuvent pour ne pas mettre en péril leur modèle de revenus", a déclaré Pascoe Sabido, chercheur au Corporate Observatory Europe.

"Si leurs intérêts sont effectivement si contraires à ce qui est nécessaire pour lutter contre le réchauffement climatique, alors nous n'avons pas d'autre choix que de leur refuser le droit d'avoir leur mot à dire dans les solutions. Nous devons protéger les décideurs politiques de leur influence."

M. Sabido compare la situation à la lutte contre l'industrie du tabac il y a 20 ans. L'une des mesures les plus décisives dans cette lutte a été l'article de la convention contraignante des Nations unies pour la lutte antitabac qui "exempte la politique de santé des intérêts commerciaux et autres intérêts particuliers."

Sabido : "C'est aussi ce qui est nécessaire dans cette discussion : dresser un mur entre les décideurs politiques et l'industrie du tabac afin que nous puissions atteindre ce que nous devons atteindre."

ExxonMobil dément formellement toutes les allégations faites devant le Parlement européen jeudi dernier.

Les grandes banques européennes investissent massivement dans les nouvelles explorations pétrolières et gazières

Les grandes banques telles que HSBC, Barclays et BNP Paribas continuent d'investir massivement dans des entreprises qui développent leur production de pétrole et de gaz. Ce faisant, elles vont à l'encontre de la science du climat, affirment les militants.

Pour limiter le réchauffement de la planète à 1,5 degré, plus aucun investissement dans de nouveaux champs pétroliers et gaziers n'est autorisé. C'est ce qu'a annoncé l'année dernière l'Agence internationale de l'énergie (AIE), l'institution énergétique la plus influente au monde.

Mais les nouveaux chiffres de ShareAction montrent que ce message n'a pas encore trouvé écho auprès de nombreuses grandes banques européennes. L'ONG britannique a passé au crible les financements accordés par 25 des plus grandes banques européennes à 50 entreprises ayant d'importants projets d'expansion pétrolière et gazière, dont Exxon Mobil, Saudi Aramco, Shell et BP.

Elle montre que les banques ont accordé plus de 400 milliards de dollars de financement à ces entreprises depuis 2016. La banque britannique HSBC est en tête de liste avec 59 milliards de dollars, suivie de Barclays (48 milliards de dollars) et de BNP Paribas (46 milliards de dollars).

L'alliance Nettonul
À noter : 24 de ces banques sont membres de l'Alliance bancaire "Net Zero" des Nations unies. Ses membres s'engagent à aligner leurs financements sur les émissions nettes d'ici 2050. Mais depuis la création de cette alliance en avril dernier, les 24 banques ont collectivement fourni 33 milliards de dollars à des entreprises développant leur production de pétrole et de gaz.

En fait, plus de la moitié de ce montant provient de quatre membres qui ont cofondé la coalition : HSBC, Barclays, BNP Paribas et Deutsche Bank.

Pourtant, il existe aussi des exemples qui montrent que les choses peuvent être faites différemment, selon ShareAction. La Commerzbank, le Crédit Mutuel et La Banque Postale ont limité leurs financements aux entreprises qui développent leur production de pétrole et de gaz. Dans le cas de la Commerzbank, cependant, cela ne s'applique qu'aux nouveaux clients.

En octobre dernier, la Banque Postale a créé un précédent important en annonçant qu'elle se retirerait complètement du secteur pétrolier et gazier d'ici à 2030. D'ici là, la banque française ne financera plus les projets et les entreprises du secteur fossile, à moins qu'ils n'acceptent de cesser progressivement leurs activités pétrolières et gazières d'ici 2040 et de ne pas développer de nouveaux projets pétroliers et gaziers. Perte

Il est également dans l'intérêt des banques elles-mêmes d'imposer ces restrictions, déclare Xavier Lerin de ShareAction.

Si la demande de pétrole et de gaz chute, conformément aux scénarios à 1,5 degré, les prix baisseront également et les actifs resteront bloqués", explique-t-il. Et si la demande ne diminue pas suffisamment pour limiter le réchauffement à 1,5 degré, l'économie subira de graves impacts climatiques physiques. Dans tous les cas, les sociétés d'énergie, les banques et leurs investisseurs perdront de la valeur".

L'ONG exhorte les gestionnaires d'actifs à faire pression sur les banques pour exiger des politiques qui limitent le financement de l'expansion du pétrole et du gaz.

Total, Shell et BP ont acheté pour 100 milliards de dollars de pétrole russe depuis l'annexion de la Crimée.

De nouvelles recherches montrent que les compagnies pétrolières européennes ont acheté pour 100 milliards de dollars (environ 91 milliards d'euros) de pétrole à la Russie depuis l'annexion de la Crimée par la Russie.

Les compagnies pétrolières Total, Shell et BP ont effectué des achats d'une valeur de 100 milliards de dollars entre 2015 et 2021. C'est ce qui ressort de How European Big Oil has fuelled the Putin's war, une nouvelle analyse de l'organisation faîtière européenne Transport & Environment (T&E).

Big Oil a montré que l'on ne peut pas lui faire confiance pour placer l'éthique au-dessus des profits", déclare T&E avec force.

Recettes pour la Russie

Parmi les trois compagnies pétrolières européennes, TotalEnergies a apporté la plus grande contribution aux revenus de l'État russe depuis 2015, avec des achats d'une valeur de 57 milliards de dollars de pétrole russe. Shell suit avec des achats d'une valeur de 27 milliards de dollars, puis BP (9 milliards de dollars). Total et BP ont en fait augmenté la quantité de pétrole qu'ils importent de Russie depuis l'annexion de la Crimée par la Russie en 2014.

Depuis l'invasion de l'Ukraine par Poutine, Shell et BP se sont retirés du pays, tandis que Total prévoit de faire de même d'ici la fin de l'année. Shell, en particulier, a été critiquée pour avoir acheté un important lot de pétrole russe à prix réduit, ce pour quoi elle a dû s'excuser.

La guerre trop

'Les multinationales du pétrole prétendent être
éthiques, mais tout ce qui les intéresse, ce sont les
profits. Depuis l'annexion de la Crimée par la Russie,
elles ont acheté pour des milliards de dollars de pétrole,
finançant directement l'agression de Poutine", a déclaré
Carlos Calvo Ambel, directeur principal de T&E. "La
réaction du public a fait de la guerre actuelle une guerre
de trop pour les patrons du pétrole. La réaction de
l'opinion publique a fait de la guerre actuelle une guerre
de trop pour les patrons du pétrole, mais pour le peuple
ukrainien, il est trop tard".

Quatre dollars sur cinq provenant des exportations
russes de pétrole et de gaz proviennent d'achats de
pétrole. Ceux-ci ont soutenu les dépenses militaires de
Poutine pendant plus de deux décennies, indique T&E
dans son analyse. "Entre 2019 et 2020, Shell, BP et Total
ont acheté du pétrole d'une valeur équivalente à un
quart du budget militaire de la Russie.

Transition

T&E craint également que la transition vers les énergies
renouvelables n'ait pas de partenaire équitable dans le
secteur pétrolier. Les compagnies pétrolières réalisent
des bénéfices records grâce à la hausse des prix de
l'énergie, il n'y a donc aucune raison pour elles de tuer
cette vache à lait à court terme, affirme l'organisation.
Les grandes compagnies pétrolières n'ont aucun intérêt
à rendre l'économie mondiale plus verte aussi

rapidement que possible", déclare Calvo Ambel. Elles n'agiront que si elles y sont contraintes. Mais devons-nous attendre que des pays comme les Pays-Bas soient sous l'eau pour qu'ils décident que trop c'est trop ?

Les gouvernements risquent des milliards de dollars de réclamations pour avoir interrompu des projets pétroliers et gaziers.
Selon de nouvelles recherches, les investisseurs dans le secteur du pétrole et du gaz peuvent poursuivre les gouvernements pour des milliards de dollars par le biais de traités opaques si les politiques climatiques menacent leurs bénéfices. Cela rend les gouvernements réticents à adopter des politiques climatiques ambitieuses.

Les investisseurs peuvent utiliser de nombreux traités internationaux obscurs pour lier les pays à des systèmes énergétiques polluants et ainsi retarder l'action climatique, mettent en garde les chercheurs. Leur recherche a été publiée dans la revue scientifique Science.

Au total, les réclamations juridiques s'élèveraient à 340 milliards de dollars. C'est plus que les 321 milliards de dollars d'argent public consacrés au financement du climat en 2020.

Cela signifie que l'argent que les pays dépenseraient autrement pour construire un avenir à faible émission de carbone pourrait aller aux industries qui ont sciemment alimenté le changement climatique. Cela met sérieusement en péril la capacité des pays à lancer la transition énergétique", écrivent les auteurs.

Traités internationaux
Les pays ont signé des milliers de traités qui protègent les investisseurs étrangers contre les actions gouvernementales.

Ces traités permettent aux investisseurs de poursuivre les gouvernements pour obtenir des compensations lorsque des contrats sont rompus, des permis de forage refusés ou des politiques mises en œuvre qui affectent leurs activités. Ces traités sont appelés ISDS : investor-state dispute settlements, ou règlements pour résoudre les différends entre investisseurs et États.

L'étude prévient que les traités "ont un effet dissuasif" sur les gouvernements, les empêchant d'oser mener des politiques climatiques ambitieuses. Cela "étoufferait la transition climatique", a déclaré le co-auteur Kevin Gallagher, professeur de politique de développement à l'université de Boston.

Dans un rapport détaillé, le groupe d'experts des Nations unies sur le climat (GIEC) a également averti le mois dernier que le mécanisme ISDS menaçait de ralentir la transition énergétique.

Des centaines de poursuites judiciaires

À la fin de 2021, il y avait au moins 231 cas connus dans lesquels des investisseurs dans les combustibles fossiles ont poursuivi un gouvernement. Sur les 171 affaires qui ont été conclues, un tiers a été tranché en faveur de l'entreprise de combustibles fossiles et un autre tiers s'est terminé par un règlement.

Un cas récent est celui de la société Ascent Resources, basée au Royaume-Uni, qui a porté plainte jeudi contre le gouvernement slovène pour avoir introduit une interdiction de la fracturation. La société réclame déjà 100 millions d'euros de dommages et intérêts parce que le gouvernement a exigé qu'elle réalise une étude d'impact environnemental avant de procéder à la fracturation à proximité d'une source d'eau.
La compagnie pétrolière britannique Rockhopper demande également une compensation au gouvernement italien pour l'interdiction du forage pétrolier en mer. Aux États-Unis, la société canadienne TC Energy réclame 15 milliards de dollars de dommages et intérêts parce que le président américain Joe Biden a interrompu la construction de l'oléoduc Keystone XL.

Les pays en développement souffrent le plus de l'ISDS
Les pays en développement, qui ont le plus besoin d'aide pour sortir des économies basées sur les combustibles fossiles, subissent les plus grandes pertes potentielles dans le cadre du système de règlement des différends.

Selon l'étude, le Mozambique, qui a donné son feu vert à un énorme projet de développement gazier, arrive en tête de liste. Le pays pourrait perdre entre 7 et 31 milliards de dollars en frais de compensation s'il change de cap. Il est suivi par la Guyane, où a été découvert l'un des plus grands gisements de pétrole de ces dernières années. Pour ce pays, entre 4 et 21 milliards de dollars sont en jeu. Le Venezuela et la Russie présentent également un risque élevé, tout comme le Kazakhstan et l'Indonésie.

Au total, 33 gouvernements sont exposés à des réclamations s'ils arrêtent des projets pétroliers et gaziers en cours de développement mais pas encore actifs, écrivent les chercheurs.

Une image incomplète
Il s'agit de la première étude à estimer à cette échelle le coût potentiel de la couverture des investissements soumis à un mécanisme ISDS. Pourtant, l'étude présente un tableau incomplet : les chercheurs n'ont examiné que les projets pétroliers et gaziers en phase de préproduction. L'étude ne s'intéresse pas au charbon, aux projets pétroliers et gaziers en cours d'exploitation, aux infrastructures de transport de combustibles telles que les pipelines et les terminaux GNL, ni aux investissements dans des projets à l'origine de la déforestation tropicale - la troisième source d'émissions de gaz à effet de serre dans le monde.

Les entreprises utilisent souvent des structures de filiales complexes pour dissimuler le véritable propriétaire d'une société, ce qui signifie que le coût potentiel réel des projets de production de pétrole et de gaz couverts par l'ISDS est susceptible d'être beaucoup plus élevé.

Une étude de 2020 portant exclusivement sur le traité sur la charte de l'énergie - le plus grand contributeur aux demandes d'indemnisation potentielles - a estimé sur cette base que les demandes d'indemnisation potentielles des investisseurs en combustibles fossiles contre les États membres s'élèveraient à 1 300 milliards d'euros d'ici 2050.

Ecocide

L'auteur de cette étude, Yamina Saheb, était autrefois impliquée dans le traité sur la charte de l'énergie, mais est aujourd'hui l'une des critiques les plus virulentes à son encontre.

"C'est un désastre pour l'action climatique", déclare Saheb, aujourd'hui analyste au think tank OpenExp, qualifiant la poursuite du mécanisme ISDS d'"écocide" et de "moyen néocolonial de garder le contrôle sur les pays en développement".

Saheb explique que les accords d'achat d'électricité promus par la Banque mondiale et d'autres institutions pour garantir des contrats d'électricité à long terme aux pays en développement ont lié les pays à des contrats avec des investisseurs protégés par des traités ISDS.

Si le secrétaire général des Nations unies, António Guterres, veut joindre l'acte à la parole, il devrait convoquer une réunion d'urgence pour dissoudre tous les traités ISDS", a déclaré Mme Saheb. La réalisation des objectifs climatiques de Paris dépend de cela, conclut-elle.